民俗易雜說

孔子易傳

吳豐隆 編著

本書是作者研易40餘年心得精要
涵蓋易經哲理、易經占卜、陽宅風水
命理哲學、人相學、手相學、紫微斗數
奇門遁甲、生命密數、印相學、名片學、民俗禁忌，
風水順口溜、擇友配對、趨吉避凶之道，
易學易懂，自我算命，非常實用。

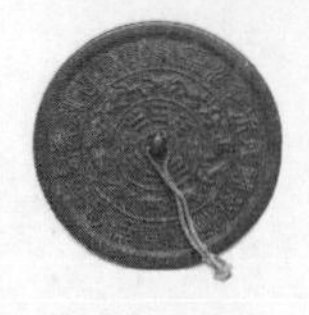

目次

序言……5
作者簡介……7
易經篇……9
命相篇……51
姓名學篇……129
風水篇……153
命理哲學篇……201
佳句篇……235
附錄一、〈擇日方法〉……257
附錄二、〈生命密碼配卦算法〉……258
附錄三、小六壬占法……259
附錄四、〈金錢占卦法〉……260
附錄五、〈數字占卦法〉……261

附錄六：陽宅流年風水吉凶方位圖
（含九星吉凶論斷、勘輿學大運算法、流月運算法）……262
九星吉凶論斷……271
勘輿學大運算法……272
八卦取象表例……276
序卦傳白話解讀……278
說卦傳白話解讀……286
雜卦傳白話解讀……302
乾文言白話解讀……305
坤文言白話解讀……314
繫辭上傳白話解讀……318
繫辭下傳白話解讀……344

序言

易經是中華文化的源頭，一切學術的根基。

周易繫辭上傳：「易與天下準，故能彌綸天地之道」，「仰則觀象於天，俯則觀法於地」，故易經之學是統貫天地間所有道理，天道人事不出其範疇。孔子曰：「夫易廣矣，大矣」。

易經主要分兩大部分，象數易和民俗易。舉凡風水、氣功、命理、人相、卜卦、奇遁、占卜、制煞等皆屬民俗易範圍。

民俗易的應用廣泛，在日常生活中被人們用到，只是「百姓日用而不知」，實則都源自於易經，其思想理則皆由易經演繹而成。

傳統五術是指山、醫、命、相、卜。

山：是指修仙道及練氣功。

醫：是指中醫、針灸、傳統醫學民俗療法。

命：是利用出生時間排命盤看運勢，有八字學、紫微斗數等。

相：有人相學、手相學、宅相、墓相等。

卜：是指占卜、梅花易數、文王卦、奇門遁甲等。

本書名雖取「雜說」，但都簡明扼要闡述易經、命理、人相及風水等基本的知識，誠摯希望讀者能知命造命，引導人生的價值，進而創造更美好的人生。

本書「白話易傳」部分乃作者於 2011 年出版的「易經入門」一書節錄出來。該書雖獲廣大讀者的好評與回響，但該書已絕版不再印行。本書作者認為要研習易經，必須先看「孔子易傳」，因為易傳是解釋易經，才不會視易經為有字天書，難以入門。因此決定和本書一起付印出來，再和讀者分享。

本書是以作者多年來在媒體發表的文章，非常感謝羅威麟君熱心編排集結成冊。

作者簡介

吳豐隆

祖籍福建漳州，1949年出生於台中縣東勢鎮，私立天主教輔仁大學社會學系畢業，精研易經、風水、命理、人相學。

曾任經歷：

中華民國易經學會講師
多所大學易學研究社講師
多所社區大學易經命相講師
台北中正紀念堂易經命相講師
台北保安宮易經命相講師
曾受邀多家電視台電台專訪
曾受邀多家大企業公司專題演講

著作：

易經大智慧（白話易經）、易經入門（孔子易傳）、十二生肖姓名學、論人相看人生、紫微新探、幸福陽宅居家術、活學活用姓名學、奇門遁甲致勝秘訣、吳豐隆手相學、自己動手看陽宅（彩色版）。

易經篇

一、有字天書 - 易經

易經是一部能破解宇宙人生密碼的寶典，其大無外，其小無內，廣大精微，是無露之學，被尊為群經之首，是中華文化的經典代表，為千古之常經。

「易與天地準」，易經是以宇宙自然規律為準則。每一個人都活在天之下，若順天道，則天地跟著你走，反之逆天道而行，則自取滅亡。合乎自然的因果律。

易經的智慧能啓迪人們，破迷開悟，洞悉事物的本質，優質思維，提昇智商與情商及人文素養，建立正確的人生價值，崇高的理念，處世能更圓融自在淡定，如定海神針。

深研64卦如品嚐64道美味菜肴，進而了解自然律，明業因果報，知義趣，心靈覺悟，依自然律而行，就可少煩惱。

二、易經之四大功能

象 數 理 占是易之四大功能。宇宙間的一切變化，不外乎是數字的變化。由數來取象，數配合象來分析，象配合數來解釋。觀象明理，窮理推數。

占卜是易之小用。易之大用是依義理著重於悟道，做為品德修養，人情世故處事管理，領導統御，無憂無惑無懼為目標。

占卜雖是小用，但可以提供事物變化的資訊及趨勢，協助我們做正確的選擇。明易之人不會掉入迷信，而會依卦爻辭來分析釋疑。

易為君子謀，不為小人謀。所以可占正當事，而不可占險危邪事。況且占卜的结果和占卜的人有密切關係。德本才末，心正意誠，推理才能準確。

三、易有三義

1.簡易：以一陰一陽簡單符號組成八卦及64卦，就能揭示宇宙內在本源的規律，及以簡御繁析出宇宙的共象。進而能探賾索隱，鉤深致遠。

2.變易：「生生之謂易」生命不斷更新，宇宙萬物，隨時都在變，易道尚變，變通趨時，執常以御變，御變以求常，知幾應變，通其變，遂成天下之文。

3.不易：就宇宙本体而言，簡易及不易的普遍法則是不變的，是天道的規律。唯其不易，故可以為天下之大法（真理）。

四、易有三易

1.連山易：重「艮」卦，艮，止也。神農氏以農業為重心，漢文化由遊牧進入農業社會，農民定居下來從事農作。時行則行，時止則止，不影響農事，夏朝延用之。

2.歸藏易：黃帝創之，以「坤」卦為首，坤，土也。土之用為生長之地，物產豐饒，從而演繹發明干支及五行學說，商湯奉行之。

3.周易：周文王及周武王採取連山易及歸藏易之長，而去其短，以「乾坤」兩卦為首，注重易之序列及五倫長幼尊卑之序。

三易皆有六十四卦，以用之不同而異其名。三易也各有其長，前兩易皆失傳不全，現行之周易最完備。

五、易與天地準

易經是無露學，是向自然學習，64卦是64種環境取象，每個卦的6個爻則會受時位影響變化。易經是一部能破解宇宙人生密碼的寶典，不同的人學習可從易經中得到不同的養分，也會改變對天地萬物的看法，幸福其實離我們很近，要我們自己去接近，大家來研易。

六、易經的大用與小用

一般人都以為易經是占卜的書，其實占卜只是易經的小用，易經的義理智慧才是其大用，古云：善為易者不卜，能通曉易理就能識因知果，不必再占卜了。占卜是一種依通，天命的工具，由數取象而知神意，（陰陽不測謂之神）數是神人溝通的中介。不過孔子在易繫辭云：君子動則觀其變而玩其占。偶而玩玩占卜也可，但不可凡事太依賴占卜太迷信了。

七、三才之道

天道酬勤（勤能補拙）人道酬謙（謙受益滿招損）

地道酬位（站對位置選對角色）

易經坤卦主爻六二：直方大，不習无不利。為處世最高指導原則。

八、易不占危

「易不占危」，意指占卦有些是不可占，例如投機取巧貪淫邪惡之事。另外得失心太重或已成定局之事也是不宜再占。不疑也不占。

當人生迷思，找不到變與不變的著力點時，易占卻是心靈困頓的靈丹。從64卦找出思路。

九、易道尚變

易經是以陰陽學說揭宇宙真象，64卦是有体系的記載宇宙變化的信息，所以易道也是天道。從觀察自然到自身，建立一套生命哲學，生命的覺醒，用禪心看世界，彌補生命的缺口。易道尚變，從易學中悟出事務變化之理，認清事物本質，由知變 應變 通變 御變，變通才是偉大的道理。易經也可以說是一本直接與生命安頓有關的書，靜靜的長河要我們自己去親近，幸福很近要自己去靠近。

十、太極圖說

大家對太極圖大概都有印象，黑與白弧線流轉，似旋渦 髮旋 颱風 年輪……，是萬物的共象，氣的流轉運行，一陰一陽，動極則靜，靜極則動，陽中有陰（陽剛中有溫柔），陰中有陽（柔順中有主見），陰陽互為消長。物物皆太極，太極曲線也是生命曲線，河圖數為10，10-1的1即為太極 天尊，操縱萬物，10-1得到洛書9即後天卦之運用，依時令五行互動推移。即道生一，道的体生道的用。

十一、數變則象變

易經也是一部講變化的經典，變是機會，也是人生的轉折點，轉折成功與否，在於是否掌握(1)唯變所適(2)待時而發。

掌握自然界的既定週期及自身命運曲線，萬物皆有定數，數字會說話，數變則質變，質變而引象變，極其數遂定天下人生之象。知其象則可索其形，緣其理則知其情，使合於度。

占卦是一種依通，透過數來取象，進而了解變化的訊息，一是過去的結果，一是未來的可能。若君子將有所作為行動而有疑者則占，往往其受命也如響，即神奇的給你回覆。

十二、一陰一陽之謂道

陰陽是自然界的共象，也是自然界的秘密，生命即是陰和陽和諧的循環。陰陽是一体兩面，兩種動能，作用相反，地位平等，彼此彼此，是矛盾對立，卻互動協調統一。陰陽交錯，一往一來，順逆互迭。人生不斷交替在陰與陽中，是為道（一陰一陽之謂道），生命活在道中，要符合陰陽，人生才會美好 和諧 圓通。

十三、64條錦囊妙計

易經的〈易〉，主要在談變化，如何執常御變，通變達變，唯變所適，與時偕行。人生的迷思在於變與不變找不到著力點。64卦是將抽象原理與具体事物相結合，是人生64個課題，指引在不同階段做該做的事就對了。一個卦有六個爻。爻則是受時位影響變化，六爻發揮旁通情也，指的是也要考慮人情世故。生命是不斷更新，日日新。不要怕變化。變者化之始，化者變之成。常言道：成功往往勝在轉折點。轉化 轉念得宜便可享受變化。如古詩云：行到水窮處，坐看雲起時。

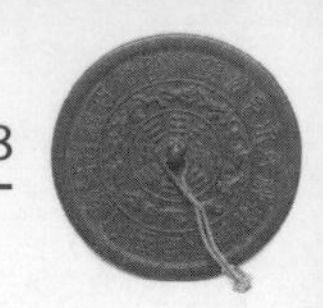

十四、易經已日用而不知

易經是效法自然規律而設，而大自然離不開陰陽五行，例如東方為震卦五行屬木，西方為兑卦五行屬金，南方為離卦五行屬火，北方為坎卦五行屬水。人們常說買〈東西〉而不該買〈南北〉，因東西器物是金或木所做出來的。而南北是水火無法形成器物。罵一個人〈不是東西〉，即暗指是南（火）北（水），南北是水火，而水火是無情。拐個彎是說那人是無情之人。

易經一個卦有六個爻，分別象徵天人地三才思想，初爻與二爻象徵地，三爻四爻象徵人，五爻上爻象徵天，有句話〈不三不四〉，也是指的那個人不是正常人，又因１２３爻為下卦，４５６爻為上卦。第３及４爻居人爻之位，不三不四即上下皆不是，內外不是人。

依京房八變卦，八個經卦是為其本卦，每一卦經過八變後便形成64卦，每一卦的第七變的卦稱為遊魂卦，第八的卦稱為歸魂卦。有句話〈亂七八糟。〉也是由此而來。依唯識學的八識（六識：眼耳鼻舌身意，第七識為末那識，第八識為阿賴耶識）。若七亂則八就糟糕。

由此可知，百姓日用而不知。其實都出自易經。

十五、乾卦六條龍

乾卦是周易的首卦，乾為天，天行健即天之體以〈健德〉為用。乾四德〈元亨利貞〉，乾亦為領導者的象徵，做為領導者宜有剛健的美德，堅守正道（利貞）方能持盈保泰。反之德薄而位尊必有災殃。領導統御宜包涵各類人才（知人善任），使各盡其才，各盡其職分（乾卦六龍：潛龍 見龍 惕龍 躍龍 飛龍 亢龍）人的角色只要擺對，問題就少。正如陽宅風水配置及物品擺對就沒問題。

在自然界中沒有平等，只有分工，合理的不公平，不需要求凡事要平等。要尊重自然的規律本來就是如此。所以領導者或管理者。先要有宇宙觀 歷史觀才能知人性順天命承天命。

十六、坤柔的智慧

〈厚德載物〉乃出自易經的坤卦象辭。一個人要有寬厚的德行，基礎穩固，才能够承受福報（名望 地位 財富等）。

坤卦的錯卦為乾卦，意味柔中有剛，外柔內剛。老子哲學也是尚坤德，柔順包容 沈著，柔中也蘊藏著力量，柔是人生的智慧，柔下富韌性又內斂。順從天道才能至大（直 方大），坤之大用在承乾，陰陽剛柔，動靜相輔相成，乾坤兩卦要我們知道自己該扮演的角色，依自己性格 能力及所處的環境，隨時調整用剛或用柔（用九或用六為天下之大用）。

十七、群龍無首，吉。

一般人認為「群龍無首」為不吉，但易經的乾卦用九曰：「見群龍无首，吉。」何謂也，象曰：用九，天德不可為首也。

乾卦六個爻皆為陽，无首无尾，天道循環，每一爻皆在不同時機時帶頭，人生在不同階段會做不同表現，唯變所適，因時乘位，與時俱進，隨時調整步伐及身段，不能太死板，太專制橫行到底，太特權又爭强好勝，要做階段性調整，融入群龍中，後其身而身先，先為別人設想，人人平等，同心合力，群策群力，平等共存，發揮團隊精神，和衷共濟，共生共命，志在天下無止境。掌握各種變化，以不固定的方法應變，而不被變化所拘束，方為用九（陽）而不為九所用，與合坤之用，即最大智慧是无為。

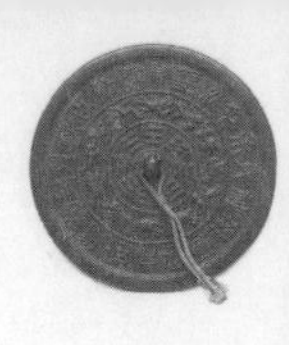

十八、吉人之辭寡，躁人之辭多

孔子在易繫辭曰：「將叛者其辭慙」，說話常吞吞吐吐支支吾吾的，神色有異。

「中心疑者其辭枝」，說話不談正題，不正面回答，前後矛盾，沒頭尾沒重點雜亂支離。

「吉人之辭寡」，有修養教養有德行之人講話精練，明白扼要，句句中肯，不多言。

「躁人之辭多」，沒涵養浮躁的人講話急於自鳴，沒中心思想價值，並常失言。

「誣善之人其辭游」，誣賴好人之人講話多游移不定，不正面立言，含沙射影，游離於兩可之間，似是而非，閃爍其辭。

「失其守者其辭屈」，守不住本分，放棄立場的人講話語多牽強，含混其辭，不直截了當，無主見價值觀，隨聲附和，理不直氣不壯，唯諾支吾。搪塞敷衍。

由言語來論相，可依此準則做為擇交參考，也可觀察政治人物，聽其言，觀其行，便知其是否為投機政客。

十九、止觀

易經的艮卦之卦德為〈止〉。禪修者修止觀，調身心，降伏其心，無住生心，應而不藏。不以物喜，不以己悲，身心皆空，雜念不起，萬法不離心，離境即菩提，狂心頓歇，歇即菩提。百花叢裡過，片葉不沾身。蘇東坡：「八風（利 衰 毀 譽稱 譏 苦 樂）吹不動，端坐紫金蓮。」。內心寧靜，心寧則智生，人境無車喧，心不隨境轉，不為外物所動，即為不二（外不著相，內不動心）。色不異空，空不異色，凡所有相皆是虛妄，易卦曰：「行其庭，不見其人。」見諸相非相即見如來，自性光明，如入無人之境，自由來往。思邪則元神不在其位，心由境轉，危機到來。

世人皆知神仙好，唯有名利忘不了，所以自古修道者衆而成道者稀。

二十、艮卦與止觀

易經艮卦的卦德為〈止〉。卦辭云：艮其背，不獲其身；行其庭，不見其人；无咎。

周敦頤說：法華經的代表卦即是艮卦。

修止觀調身心，身心皆空，雜念不起，心无旁鶩，專注一物，寧靜致遠，居亂而心不亂，不為物所役也不役于物，貧賤富貴不擾其心志，不以物喜，不以己悲，不憂不懼。心静無人相，無衆生相，見諸相非相，即見如來，即見自性，無住生心，應而不藏。無私心，去人欲私情，則天地寬，世界無界。

思不出其位，雖心思難止，但思慮不偏離道，時行則行，時止則止，動静自如，不失其時，知止則止，终生不恥。思邪則元神不在其位，心被境轉，災咎到來。

二十一、豫卦

雷出地奮，豫。

音樂是陰陽和樂之現象，一般道教佛教在祭祀法會都會唱頌並配上音樂，天主教基督教也都有唱詩歌，主要以禮隆敬獻贊頌召喚天神，人神共悅。

祭拜祖先或超渡法會時用唱頌並配上音樂顯得比較柔軟，它們才會靠近享用及聽經而得到解脫。因為若直接訓講比較剛硬而冲。它們膽子小會畏懼不敢靠近。

所以在易經第十六卦的象辭曰：先王以作樂崇德，殷薦之上帝，以配祖考。

二十二、神

各種宗教都會提到〈神〉，在易經也提到神，然而易經是超宗教超哲學的，在易繫辭傳有云：陰陽不測之謂〈神〉，神无方而易无体（即神妙的變化沒固定方式或固定形態，是變化無窮的）。精氣為物，游魂為變，是故知〈鬼神〉之情狀。至於大衍數占卜，「蓍之德圓而神，神以知來，知以藏往。極數知來之謂占」，神雖非數，因數而顯象，由卦象而知神意。其實占卜用數以外，舉凡喜怒情緒心情變化也是數，音符也是數，失得也是數等等。故數是神人溝通的中介，陰陽奇偶往來，利用出入，民咸用之，謂之神。

二十三、占卜斷疑

孔子曰：「子不語怪力亂神」，而竟然「以卜筮者尚其占」列為易道有四之一。必然是經過深思熟慮之後才予以認定。古之史官掌占卜的職務，國家大事決策都由史官來裁定，地位崇高。

易繫辭言「君子將有為也，將有行也，問焉而以言，其受命也如響。」所謂「誠則靈」即精誠所至，金石為開。占卜者集中精神意志於所要問的人事物上，經過簡單的儀式與程序（焚香 凝神 默禱 傳揲或報數而以立卦）。「道有變動，故曰爻，爻有等故曰物，物相雜故曰文，文不當故吉凶生焉」。又曰：「卦爻相雜，惟其時物也」。由此可知「時」「空」與事物投射交會時所產生的變化，藉由人來化而裁之，神而明之，存乎其人是否能變通趣時。是故占卜容易，釋卦斷疑不容易。

二十四、易占重心誠

易經是智海，將人生哲理及世間百態盡收其中。是一部破解宇宙人生密碼拓寬人生境界的寶典，也是心靈困頓的靈丹。64卦代表64種現象 環境 模式 策略 程式妙計。

易經是從象數理氣去觀大自然，效天法地，體會自然律。

易占則是透由數來知神意，「數」是神人溝通的中介，神者陰陽不測謂之神。

有疑則占，心誠則靈，其受命也如響，唯幾也，唯神也。

二十五、卍字的根源

易繫辭曰：「河出圖，洛出書，聖人則之。」易經的根源是河圖洛書，洛書即是九宮數字 1-9 的排列圖，縱橫相加數字皆相同的平衡均匀方陣，以及其中卍內的數字相加皆相同，（4+9+5+1+6=25，2+7+5+3+8=25）

孔子大衍數之數50，50之數是演算天地之數。卍字內的數字相加也是50大衍之數。

至於卍字是左旋而非右旋，此乃「易逆數也」，「天道左旋」。由此而知，卍字根源於洛書，洛書是揭開宇宙人生的奧秘，易經是早在七八千年前的遠古。伏羲氏，中古周文王及周公，近古孔子四大聖人的創作。易經是一部能破解宇宙人生密碼的寶典。

二十六、知命 改命 造命

由易經第49卦是革卦，命是可以改的，生命不斷的更新，要革除心中的垃圾，破壞解構改變原本不好習慣 思維 体制。改變是將你引入你的自性，由內而外改變自己。改頭換面。內外皆革，自然個人新生命會到來。而政府政策的改革首先要以誠信做基石，做好元亨利貞才能取信於民，如此的明智文明的改革方能使人悅服。(上兑下離為革卦∴離為明智 文明，兑為毀折 喜悅)。

二十七、玩易要心正

數變則象變，象變則質變，宇宙間所有的變化，都是（數字遊戲）數在變化，少變多，多變少，瘦變胖，慢變快……等等。

數配合象來分析，象配合數來解釋。

占卜是依數取象，由卦象找出背後之理。研易也要玩易，每天可試占一卦來賞玩。以占正當之事物則無妨，但易不占危。（投機 貪婪 違法之事）。至於解卦推理準確與否，和占卜者有密切關係，是否心正意誠，以及其品德修養。並且不可掉入迷信，要依卦爻辭來釋疑。

二十八、天道無親，常與善人

吉凶悔吝生乎動。人相學的「動」相：言談 舉止 行立坐臥 飲食。皆是看相不可忽略。動靜有常是吉相，但形為心役，心是工廠是畫家。一切福田，不離方寸，從心而覓，所謂相由心生，相由心滅。若相貌平庸無奇，能持續日行一善，心常懷感恩，相也會有動人之處，心念改變而覺知行為動相，命運也會改變。誠所謂〈天道無親，常與善人〉。

二十九、學易在於无咎

學易學相的目的在於无咎，醫相同源於易，視其形，聽其言，觀其色，察其形，審其文。如中醫的四診心法：望聞問切。相合於醫。論相首重骨相，骨格定一世之榮枯，再論五行及部位之盈缺，氣色則決定行年之休咎。相學非一朝一夕可參透，熟背條理若閱歷不夠，也是無法應用。红樓夢：「世事洞明皆學問，人情練達即文章」。

三十、變與無常

依古賢鄭玄曰：易含三易，簡易 變易 不易。

1.簡易：日常生活上很多人事物原本就很簡單的，只是被人們將它複雜化罷了。煩惱都是由此而生。生活簡單就是美，就愈快樂。「一陰一陽之謂道」，俗云：大道不過兩三句。佛家的一念成正覺。

2.變易：一切事物，時刻都在變化。如佛家說的「無常」。蘇東坡云：「自其變者觀之，天地曾不能以一瞬，自其不變者觀之，物我皆無盡也。」

3.不易：簡易 變易 無常 進退之象，陰陽之道是不變的。真理是不變的普遍法則。

明乎此，才能以簡御繁，體悟實相，絜靜精微及鈎深致遠。

三十一、要真心 說真話

依皇極經世推算，2019年時值〈无妄〉卦，卦辭曰：元亨，利貞；其匪正，有眚，不利有攸往。

无妄：是真誠不妄為不妄想，順天理。告誡行事營為要存真心，說真話，剛正無私，當為則為，則心安理得，可以實現自己的心願。若是動機不正，背離正道違背无妄原則而為，就會有災殃。尤其是在上位領導的人。因為虛偽就像霧，只能短時間蒙騙一時而已，匪正而存，僥倖而已，俟陽光一出來，則真相大白，天命不祐也。

雜卦傳曰：无妄，災也。

有人得，就有人失（受到无妄之災）。魯蛇之人會生怨氣。但只要剛正無私，取之社會用之社會，不需辯解，清者自清，濁者自濁，只要堅守无妄，便會有吉慶，天之命也。

三十二、窮家富路

易經序卦傳云：「豐者，大也。窮大者必失其居，故受之以旅，旅而無所容，故受之以巽」。

由〈豐卦〉接著是〈旅卦〉，再接著是〈巽卦〉。

現在旅遊業發達，人們稍有點積蓄〈豐卦〉就想出去旅行〈旅卦〉，國內外到處走走。旅行在外，易經告訴我們要謙遜〈巽卦〉。

孔子在56歲占到旅卦，便去周遊列國，對旅遊在外的体認深刻。旅卦卦辭云：「小亨，旅貞吉」。初六爻曰：「旅瑣瑣，斯其所取災也」。出門在外宜遵守正道，安分守己。強龍不鬥地頭蛇，也不宜太小器，處處與人計較，例如不給小費，購物不愉快，捨不得花錢，守財奴則易招禍。

俗話說：「窮家富路」，即要我們在家花費可以節儉一些，但出門在外就要大方及謙遜一點。

人生如寄旅，一念之間，人生是樂或是苦，取決於自己。

三十三、白色非無色

易經雜卦傳曰：賁，無色也。無色乃出於自性，自性是自然的，樸實的。本於內在高尚的德性，真誠的心來追求真善美的人生及服務人群。它是一切美的美，不需再外表來著白色或給予任何顏色。後天八卦兌卦為金。金的五行顏色為白。說卦傳曰：兌為口舌，為毀折，為巫等。四季而言為秋天，有清算肅殺之氣。

五行顏色生剋：白色（金）剋綠色（木）。

以歷代朝代為例：唐（土）宋（木）元（金）明（火）清（水）孫中山（土）。

即水剋火，火剋金，金剋木，木剋土，土剋水。

智者當能探賾索隱，極深研幾，察微知著，知變化之道。

三十四、皇極經世

易經64卦是宇宙變化的訊息，皇極經世是以64卦配合其獨創的元會運世推演宇宙人類歷史的發展。用以觀人事物的準則。也所謂「易外別傳」。

目前〈會〉值大過卦，〈運〉值姤卦，〈世〉值鼎卦。

十年卦：2004-2013 是未濟卦

2014-2023 是蠱卦

2024-2033 是姤卦

2034-2043 是恆卦

每一年的值年卦依序為

2018 隨卦 2019 无妄卦 2020 明夷卦 2021 賁卦 2022 既濟卦 2023 家人卦

2024 豐卦 2025 革卦 2026 同人卦 2027 臨卦 2028 損卦 2029 節卦 2030 中孚卦

2031 歸妹卦 2032 睽卦 2033 兌卦 2034 恆卦依序是泰 大畜 需 小畜 大壯 大有 夬 姤大過。

三十五、太極思維

64卦是變易（互變），太極則是不易（不變），物物皆太極，太極含陰陽兩氣，以乾坤代其名，陰與陽是相互制約，相互轉化，陰氣生靜，陽氣生動，陰中有陽，陽中有陰，兩氣交替作用，靜中有動，動中有靜，極則必返，圓道周流，陰陽動靜的變化，交互作用，使萬物繁衍，是天地法則，陰陽合德，各得其正，天下平也，向心則合（和為貴），離心則分，是自然的總規律。習易在懂太極的優質思维，陰陽雖是對立又統一，即一陰一陽之謂道也。

三十六、太極？

易經是有其思想結構，研讀後要將其思想模式變成生活語言。

太極：任何事物要能夠找到其關鍵點（重點），或最合適的要點在那裏並掌握之。例如一般老師也是傳授一門學問的重點，剩下的就要靠自己。

兩儀：生活中要自己去鍛練的兩種力量（剛與柔），柔能剋剛，陽剛會沖息陰，消是放射，息是生養，生命的流動要配得當，才會和諧。

四象：人生的變化有四大類型，如同大自然的四季。

春天：是浪漫的，虛幻的，不確定性的。

夏天：是燃燒的，向上的，提昇的。

秋天：是知命的，分享的，安靜的。

冬天：是含藏的，無為的。

三十七、善易者不卜，善相者不言

易與天地準，易經涵蓋範圍非常廣大，聖人極深而研幾，故能通曉貫通天下之志。但聖人知易後，用易理來徹底改變，潔淨心思，不需要再用占卜來問疑，因為知易後，就已明於一切事物的發展運行規律。睿智者也會隱藏光環，不現神通，知神通抵不過業力的，於是和大家一樣平凡。知世故而不世故。通易也要通人情世故。精通相術者，皆知金無足赤，人無完人。如同每一棵樹皆有陰影。相術也非絕對，人會受到時空環境德業的影響。所以善相者不會輕易炫己之能。言多必失，一言興邦，一言以喪邦，是非乃為多開口，煩惱皆因强出頭，說話是能力，不說是智慧。

三十八、時與位

時與位是易經最深的智慧，一旦落入時空，一定就會有生滅變化，易經哲學重「時」，向自然學習，一切以時而異，動靜不失其時。聖之時者，與時皆行，面對變化，能安於時變又享受變化者為吉。因為生活中唯一不變的就是「變」。生命的付出也是變化的本身。

易卦六爻，人在不同時間是不同的定位，但也是相互銜接的，位置會影響行為，行為也會影響位置。即「六爻發揮，旁通情也」。得位與否，唯變所適，取決於人，因時乘位。六爻代表其環境 境遇 成長 歷程。轉變端看自己心境 心態及動機是否純正，攸關重要。

三十九、傳子千金，不如教子易經

俗語說：授人以魚，不如授人漁。認識易經是智慧的開端，改變慣性不良的習氣及思維，點出人的盲點，也是扭轉命運的開始，讓人不要再以相同的姿勢跌倒，它是心靈覺悟之學，心靈困頓的靈丹，隨時給自己一面心靈的鏡子來保持心智的清醒，在變與不變間能拿掐分寸得宜。審時度勢，洞悉紅塵世事，思考與時間同步，因時制宜。

易經道出宇宙的共象陰與陽，生命活在道中，要符合陰陽，人生才會美好。八卦是八大原理 思路 作用 方向，64卦經緯構成和竹簍一樣，是生命的經驗，對自然規律的了解與運用，道盡人生種種不同的故事，是人生64個課題，時刻提醒建議道出生活的契機，教人省悟，有如人生導航的錦囊妙計。

四十、四柱：象數理氣

易經內涵象數理氣，有別於八字的四柱論命。一切事物也離不開象數理氣。

象：萬物有其形就有其象，64卦是以象顯，人是生活在現象界，非絕對真實中，情為象遷，境由心轉，能釐清表象，直探本象，不應執著於所見之象。

數：一切數源於河圖洛書，(五與十)的變化，一切事物之定數皆可依其推演。

理：一陰一陽之謂道，動而生陽，靜而生陰，此「理」也。易論時位，貴乎「中」。易窮變化，貴乎「常」(不變)。易道惡盈，皆理也。

氣：動中有靜，靜中有動，是「氣」也。如太極陰陽之氣，圓道而周流。

四十一、物有始末

凡事只要落入時空裏，一定會有生滅變化。易經的每一卦有六個爻，任何事物皆有六個階段，從開始到结束，每一階段都有其困難與挑戰，或吉或凶。易傳曰：「其初難知，其上易知」。初爻（第一爻）是事物剛開始的初發心，也是因緣和合而生，能知道的人不多。

第二爻（多譽）：是生命自然的本性動起來而有所表現。

第三爻（多凶）：要挑戰惡劣的環境，要警惕小心，要用剛來放下執著。

第四爻（多懼）：面臨外面與他人的互動，又愛又怕，要更包容，不能太自我。

第五爻（多功）：是飛龍在天成功當權的階段，成功要與人多來往，勿貢高我慢，但在台上的人也要剛些。

上爻（第六爻）：上爻易知，人往往一旦握有權力則原形畢露，忘了初發心，亢龍有悔也。

六個爻是互動有關連的，能在不同的階段，做該做的事，就對了。「六爻發揮，旁通情也」。

四十二、五十以學易

子曰：「五十以學易可以無過矣」。至於五十的認知有所不同。

(1)50歲才知道學易經，學了易經之後就不再犯錯了。

(2)若能一五一十通曉易經，則不會再犯錯。（因古代刻字為求簡約而省略掉「一」這個字。所以認為若能夠一五一十完全了解易經的智慧，就不會再做錯事了。

(3)天數（奇數13579），地數（偶數246810）相加為55（自然數），55-5（生數）=50，50為大衍數（大者極也，衍者演算也）五十以學易，則能占數立象以盡意，極數知來自然可以無過矣。

(4)勾三股四弦五的平方和為50（時空總結之數）三方陣 四方陣與五方陣為天地之用。

四十三、「易」起生活

易經是天人之學，教人要認識自然規律（天道），向自然學習，配合自然規律過生活。明乎天人之際，順乎天，天下隨時，順乎人，人事相與。

革卦：「已日乃孚，元亨，利貞，悔亡」。變與不變，要分寸得宜，体常御變，執常御變，通變求新。生命不同階段的更新蛻變，與天地合其序，天地革，如春夏秋冬，功成身退不居。配合天地與造物者同遊。

學易貴在知幾，幾者動之微，吉之先見者也，闡幽扶微是知幾的好方法，是讀懂大自然所發出的訊息，從觀察自然到自身，透視時機，啓發決策人生，進退之道，有了生命的覺醒，進而建立一套生命哲學。

四十四、德之不厚，行之不遠

易經繫辭傳，孔子提到了修德要具備九卦。1.履卦：實踐禮，是德行基礎，行為的準則。2.謙卦：把握真心謙虛待人的要領。3.復卦：返回樸真的本性。4.恆卦：修德要持之以恒，才能穩固。5.損卦：要減損不當欲望及不良習氣。6.益卦：為學日益，時時增加智慧與積德。7.困卦：處困境中要分辨真假修行，守住節操。8.井卦：不論身處何地，都沒分別心，能厚德待人。9.巽卦：謙遜柔順也需要有原則制宜。

四十五、修德九卦

易經有九個卦是修德必備，用以建立完整的人格。

1.履卦：做到和諧禮貌的行為，是德行的基礎。

2.謙卦：缩小自己，但又不失尊嚴。

3.復卦：反省覺悟，返樸歸真。

4.恆卦：專注目標，不厭其煩，貫徹到底。

5.損卦：減少欲望，避開爛事，遠離爛人。

6.益卦：為學日益，增長知識，有容乃大。

7.困卦：安貧樂道，減少怨恨，經得起考驗。

8.井卦：明辨道義，施惠他人。

9.巽卦：配合時勢，權宜行事。

四十六、四大難卦

易經64卦中有四個難卦：

1.屯卦：「剛柔始交而難生，動乎險中。」生化之始，萬物之初。即生命草創皆脆弱維艱也，如人之初及創業之始，皆險難也。

2.坎卦：重險也。卦象一陽陷兩陰，陷中陷。坎為心，人心險，生命的險境，坎坷的人生，「維心亨」。要能穩住心靈方向盤。

3.蹇卦：「蹇，難也，險在前也，見險而能止，知矣哉」。要知難而止，留得青山，勿做賭徒。

4.困卦：「困，剛揜也。」君子被小人困住之象，有志難伸。君子固窮，「險以悅」，逆來順受。「致命遂志」，盡其力，達成理想。

命相篇

一、命與運

命運是生命的動態，是先天的註定和後天的安排，也是開始過程和結局。研習命相能知己知彼，知何時榮枯與窮達休咎，不至於處於無知狀態。

命運並非固定不變，易經云：「為道也屢遷，變動不居，…不可為典要，唯變所適。」變化是無常的，命運也會隨個人修為，和大環境及隨氣運的流轉而轉變。其實盛衰否泰是循環的。所以運程是「否卦」也不足憂，運程是「泰卦」。也不應喜。易經泰卦之後隨之為否卦，泰極否來也。但從否卦循環回到泰卦則還要經過63卦。人生不如意十之八九也。

先天命是命定的，決定格局 性格 習氣，後天命自己可改變及選擇，例如風水姓名積陰功讀書打拼努力等，所以選擇好風水居住，取吉名做善事讀良書增智慧至少可以改變先天之不足。所謂「天大地大人也大」，天定者勝人，人定者勝天。

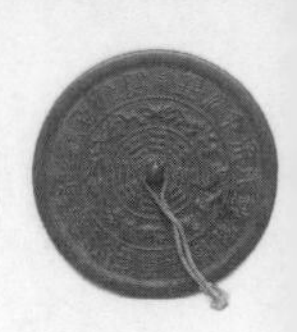

二、因果與德業

出生時八字命是先天的因，今生的果報，窮通貧富八成已定。

因果它是先天的是為〈主氣〉，德業則是後天的修為它是〈客氣〉。如果客氣勝過主氣，就可改變因果定數。蓋因「德業」能養氣而移數，數變則象變，命運也就變了。

易經革卦告訴我們命是可以改的，如九五爻象曰：大人虎變，其文炳也。上六爻象曰：君子豹變，其文蔚也。坤卦文言曰：「積善之家，必有餘慶；積不善之家，必有餘殃。」。

大有卦上九爻曰：「自天祐之，吉无不利。」。人若不違天道（自然規律法則），敬天順天事天，當然沒有不利的。以上即是造命改命之法。

三、看相要領

人之善惡通於心竅，而發於面與手，知善惡能趨避，才可无咎。

看相雖是方技小道，還是有其理法。先看眼神氣色以定其神氣。再聆聽其聲音之厚薄，並看體格之大小，三停 五官部位盈缺。然後兼看手相之天人地紋（感情 智慧 生命線）紋理宜秀，男左女右為初年運（30歲前），男右女左為中晚年運，手掌八個宮位的厚薄，掌色宜鮮明。明堂（掌中央）宜深及明亮，掌背宜厚有肉，不宜露筋骨 纹溢指缝 紋亂色青暗。

相有幾項不靈不給看，飲酒後，暴怒後，無運者，凶暴之徒，及自己心事煩時皆不看。

四、看相首重五行

論相要先分辨長相之五行（即本體五行），再看面部各部位之五行。是否相生或相剋。

五行依形狀分：方形臉色白屬金，長形臉屬木，圓形臉屬水，骨凸形尖露屬火，微方色黃厚實屬土。

若本體五行與部位五行相剋，則流年行運到那個部位則易生災病。

例如金行人的嘴形若太薄長（部位五行屬木），則行運到 60-65 歲，本體五行金剋部位五行木，意外災病難免。

面相流年：耳朵 1-14 歲，額：15-30 歲，眉：31-34 歲，眼：35-40 歲，鼻：41-50 歲，人中兩頰：51-60，唇齒：61-65 歲，下巴：65-75 歲。

再例如木行人若眉毛粗濃寬（部位五行屬金）則行運到眉運（31-34 歲），部位五行金剋本體五行木，易凶災意外。

總之，五行生剋為論相首要參考。

五、從面相學，看性格

1.鼻子尖的領導者愛爭鬥，愛計較，不服輸，易引起戰爭，若再口唇也小者更是。

2.鼻子短的領導者，衝動型，急功近利，好大喜功，没深謀遠慮，不顧後果，易惹事端，造成緊張，非人民之福。

3.眉壓眼（田宅宮窄）的領導者，器度不大，包容力不夠，若眉稜骨又明顯者更是，爭訟不下來，就易主動出擊，屬於打人的人。

4.鼻長而尖但眉稀者，屬於老謀深算，骨子裏就愛鬥，又喜慫恿他人去鬥，好從中得利。

六、三停論相法

三停相法為最基本論相，上停為眉毛上方額頭之相，中停為眉眼鼻顴之相，下停為法令纹人中臉頰口齒下巴之相。

上停掌富貴，宜高廣豐隆明亮，有奇骨。上停長，祖蔭佳，少年忙，早達之相。不宜傾側尖削或凹陷，則求名無望，不宜早當家。

中停掌壽元，宜眉清目秀顴豐鼻挺而有勢。中停長，貴人旺，萬事昌。不宜眉亂眼惡鼻短低塌，則易破敗災厄。

下停掌祿位，宜端方厚實有力，則老運吉祥，体健富足。下巴不宜短缩尖薄，口型劣而下垂，則老年艱辛多病痛。

如三停勻稱，則一生衣祿無窮，錢財必旺。

七、外貌協會相理篇

以貌取人有其必要。命運並非全部由天註定，運勢是有很多方法可以改變的，其中一項，運乃依伴而定。

朋友要選擇益友而交，外貌相理好的才值得交往，相由心生，有積善行德種福田者，心靈美，自然心相會投影在外，讓人看起來親切，順眼舒服，言談舉止溫雅，氣色明亮。一般而言，樂觀之人口角上揚，眉順印寬，鼻正神安。反之，面目猙獰，骨凸露，眉粗亂，眼神不定，氣色黑藍，睜眼瞪人，或經常愁眉苦臉，抱怨連連之人，吾人都要避而遠離。蓋因磁場頻率會傳染的，與相理好之人交往，會帶來正能量。人生路上選對人，運勢才有提升機會。

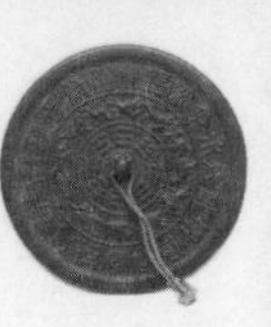

八、臀相與福祿

臀相看財庫福祿，宜堅實有彈性，體健有毅力，事業有成。財富守不住者，大都臀扁平削狹無肉，其福祿多不足也。

1.男人臀相攸關其福祿，富人大都有好的臀相。

2.女人臀相宜肉實微圓，會相夫教子，夫妻和樂，但忌太大 尖凸高翹或平扁。

3.成年人做事業時，臀相還扁平無肉者，往往事與願違，勞而無成，或遠離生地。

4.老年人無臀者，親緣薄，孤老過日。

5.肥胖之人無臀者，財庫不聚，寅吃卯糧，孤獨相。

6.瘦人無臀者，多學少成，勞多功少，運勢多阻。臀相差者，可靠後天訓練臀肌，補形相之不足。

九、手軟如綿，富貴綿綿

男人手掌宜大而厚實，主富，若手掌又軟，則富且貴。女人手掌宜厚實，但不宜太大 太硬 太薄 太軟則福薄。

手掌上的主紋為感情線（天紋），智慧線（人紋），生命線（地纹），這三條主紋宜深刻宜明顯 宜秀而不亂。主其人一生做事明快且較順遂。

手指為龍，手掌為虎，不宜手指過短，造成虎欺龍，一般標準比例為指4：掌5。

手掌除了厚實，宜八宮鼓起（掌周圍肉豐凸），中間明堂形成一聚寶盆，則一生多能積聚財富。

左右手纹掌相最好一致，若不一致差異太大者，一生多變化波折，可能先好後差，或是先壞後好。

手的相理記錄人生的祕密，宜雙手都看，再綜合參斷。

十、旺夫面相風水

俗語說：妻賢夫禍少。有旺夫的女人面相特徵約有幾點：

1.印堂平正光潤，心胸廣濶，忌凹陷狹窄雜毛惡纹，連心眉。

2.眉清目秀，眼神清澈，黑白分明，秀慧於中，知書達禮，聰明能幹。忌眉短淡，及濃濁，天倉凹陷，或眼凸，露凶光。

3.鼻子正直，大小適宜，不太高也不太低，準頭圓而有肉，鼻孔不仰，鼻翼厚，能配貴夫且聚財。忌鼻扁赤紅低塌，鼻樑凸有結，鼻歪斜，準頭肉少而尖。

4.額頭宜潤而飽滿，較理智，有才華及遠見。忌狹窄，痣疤及髮際不整齊。

5.双顴宜平滿有肉，與鼻子搭配得宜，能相夫教子。忌高凸或凹陷，不利丈夫。

6.唇上下相符而色紅潤，齒白而齊，口角略上揚，是為氣血好，夫恩足，婚姻情感佳。忌尖嘴，口角下垂，牙齒雜亂、尖、暴、黑。

7.耳珠厚大朝口，待人寬厚，人緣佳，財運佳。忌耳反珠小或無(個性急躁多疑)，勞多功少，福澤薄。

8.下巴宜圓潤，臉頰有肉，性情較溫和及願付出，持家有道，晚運佳。忌下巴尖短，臉頰無肉。

9.人中清晰深長，樂善好施，子息優良。忌人中短、歪斜。

10.聲音柔和中氣足，頭髮柔順細軟，脾氣好，善体貼能旺夫。忌聲雄髮粗硬。

十一、相人先看眼神

常言道：人心隔肚皮，虎心隔毛衣。知人知面不知心。要識人的確不易。但可以不識字，不可以不識人。瓜農看瓜相就知好壞，騎師相馬就知良劣。

相人先看其眼神和眼形，即能辨其人之心性。禮可假，衣可飾，但眼神難假。眼惡者必無情，眼露者必無心，睛不明者心難測。

眼神忌飄移，流視，癡滯，上視下視斜視，神急神昏。

眼形忌三白眼（分為下三白上三白或四白眼）三角眼，圓而短凸，細而不長，眼形下垂，眼窩凹陷，鬥雞眼，三眼皮等。

眼相惡者宜修心改相。修行從敬人事物開始，習氣少一分，工夫即進一分。

十二、眼神

古云：「要知天上意須在雲中取，要知心裏事須辨眼中神」。「相形不如論心」，「存乎人者，莫良於眸子」。

眼睛乃內神出入之門，心靈狀態的展示。從眼神便可看出人之聰愚慈凶貞淫忠奸，問凶在眼：

1.視瞻不一，眼光不安定，必定好淫邪念不忠背叛心强。

2.望刀眼，眼白多者狠毒叛逆高傲冷酷薄情損人利己易遭横禍。（尤其睛凸神露又四白眼或三白眼）。

3.豕視過頤者善妒，反覆無常。

4.狼目睛黄視若顛專者凶暴，不善終。

5.眼水汪汪有艷光神蕩亂瞟者為淫眼姦心内萌。

6.眼視下又眼珠流轉不定者，奸詐。

7.眼斜盼者，輕視他人陰巧傲慢。

8.赤脈貫睛，奸惡運蹇破財是非官事重災變。

9.醉眼神昏神疲，自甘下流 多災難 情纏 是公害。

10.神急，發亦不久，防血光促壽。

11.神慢，癡視目不轉睛者愚，拖拉不成器。眼正心正，眼善心善，胸中正，兩眼清澈。天地以日月為明，人身以兩眼為光。

十三、白眼狼

意指不講往昔情意，不知感恩，極端自私，說變就變，翻臉不認人，就撕了臉皮之人。雖然內心不可察，但臉面相卻可觀。

1.眼相：眼白多，黑眼珠小如四白眼，上三白，下三白。凸眼露神黑睛金黃色，眼左右亂視，流而視急。三角眼兼神露。

2.眉相：眉毛粗濃不見底，或眉毛逆亂豎毛而生，眉毛短薄如無，眉形短蹙。

3.鼻相：鼻頭尖細似刀，鼻準如鈎似鷹嘴，鼻形三灣三曲。

4.口相：唇形如鳥喙嘴雷公嘴。

5.面皮青藍色，或黃種人面色過黑，面白肉緊急，無色如白郎君。面肉橫生。腮見耳後。

為人有能力是要多開善門，但也要有智慧識人而開。

十四、富相

小富由儉，大富由命，人貴自知，生來有發財富有相之人則應選擇經商，必發大財。反之，沒發財相之人經商必定失敗。

發財相首先看天倉，天倉飽滿者是為來龍旺，理財能力强。（天倉在鬢角或太陽穴那地方特別寬）。若天倉凹陷窄小則缺乏金錢概念，不宜從商。

問富在鼻，鼻厚豐隆，顴骨肉豐，鼻準圓肥光潤，井灶有欄不仰，鼻為土生金，必定富有。

晚景要看三停是否匀稱，尤其地閣地庫，宜厚宜方圓宜天地有朝。才能富有到老。

手相有理財線（在感情線上方的橫直線）金錢價值觀强。

手掌端厚不露筋綿軟潤澤者不求自富。

金錢富有外，知識智慧心靈富有更勝一籌。

十五、德相與心相

行為舉止態度為內相，形貌屬於一個人的外相，而德相與心相為相學的內相，內相重於外相，內相一看善惡自現，影響一生。一般而言：

1. 心氣平和，子貴孫榮。
2. 念舊惜情，富貴可期。
3. 尊師重道，子女優秀。
4. 知足謙虛，獲福期頤。
5. 敬老慈幼，可享裕後。
6. 驕矜自滿，災咎難免。
7. 尖酸刻薄，有損壽元。
8. 忘恩思怨，科弟難成。
9. 利己損人，兒孫悖逆。
10. 性情孤僻，老成無嗣。
11. 悍婦性妒，老後孤子。

12. 無情變臉，薄福之人。
13. 開口輕生，規避大節。
14. 輕諾寡信，不宜深交。
15. 偷斤減兩，禍及子孫。
16. 逢人稱知己者有難先逃。

十六、厚乃相中第一貴

1.五官六府厚者有福。
2.頭骨欲隆聳。
3.額前隆而厚。
4.鼻若截筒準圓肉厚。
5.耳厚又唇齒厚。
6.地閣厚圓晚景佳。
7.肩廣圓正，指長掌端厚。
8.腰圓背厚腹健實。
9.聲音厚實，餘韻雅而圓暢。
10.心慈情厚，重恩惜緣。
11.心胸寬大，淡定豁達。

薄相者易敗：除了五官薄相外，傲妄才智，輕忘人恩，貪慕浮華，德薄瞋痴，皆為薄相也。

十七、膚白紅潤命好

五行顏色：水為黑藍色，木為青绿色，火為紅色，土為黃色，金為白色。

土生金及火生土為吉

黃種人（土）喜膚白（土生金），及红潤（火生土）。命運較好。一些貴婦大都如此。

土剋水及木剋土為凶。所以黃種人膚色若較黑或青褐色者命運則較勞碌不順。

五行相生：水-木-火-土-金-水

五行相剋：水-火-金-木-土-水

一般而言，相生為吉，相剋為凶。生活上處處都可應用上。比如穿衣服顏色褲色為地，不宜剋上衣顏色為天（地剋天不吉）。地板顏色不宜剋天花板顏色。但天剋地無妨。

其他如招牌旗幟政黨及朝代顏色皆不離五行生剋。

十八、傲乃相中之最忌

百惡皆從傲上來，子女傲則不孝，兄弟姊妹傲則不友悌，屬下臣僕傲則不忠。

見微知著：

1.行事作為稍有小成，便得意忘形，趾高氣昂。

2.對他人有一點貢獻便自誇（即善世而伐者）

3.眼睛上視者心性多傲。

4.昂首而行，神色自得，目空一切，自大驕傲。

5.鼻孔小而口型特大者，狂傲無良之人。

6.顴骨橫張，眼露煞者更非好。

易經第15卦〈謙卦〉曰：天道虧盈而益謙，地道變盈而流謙，鬼神害盈而福謙，人道惡盈而好謙。

富貴易驕，乃人性弱點，自負者全看不清自己缺點。

謙卑是要發自內心的真誠才能納百福。否則一再說要謙卑謙卑再謙卑者，即常言道：過默藏奸，過謙懷詐。

十九、斷掌紋理分析

宜二不宜一，一手斷纹者小成。二手斷纹面相再佳者大成。

斷掌之人特徵：

1.務實 勤儉 倔強 固執 不易妥協。

2.愛恨強烈，不輕易變心。

3.公事公辦，稍欠人情味。

4.女生斷掌。重事業工作，稍欠女人柔情。

5.野心大，抱負大，喜做大事業。

6.認真敬業，易在其專業領域有成。

7.眼見為信，不輕易相信或迷信人事物。

8.宜注意心臟血液循環或消化系統疾病。

9.手小者不宜斷掌。

10.斷掌纹線不宜太高而近手指根部，易有衝動暴力傾向。

二十、手相看左右手

人的双手密碼記錄著一生的祕密。

男左手女右手看先天運

先天運：看遺傳基因習氣秉賦潛能 業力 福報 婚姻 財祿 與兄弟子女父母緣等。。

男右手女左手看後天運

後天運：會受環境教育交友職場的影響其價值觀及性格。以及修為行善積德，手相紋理也會變化。40歲前或婚前以先天手為主，後天手為輔。左右手不一致者，一生多變化波折。先好後壞或先壞後好。個性易有双重性格兩極化。

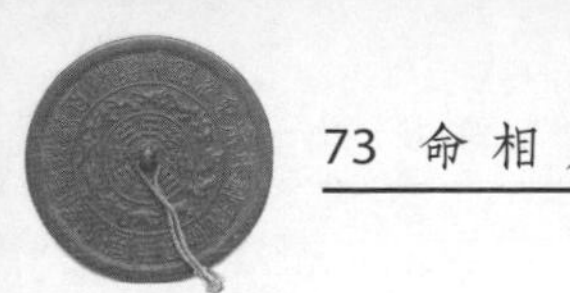

二十一、剋夫相不可怕

「剋」這個字，一般人都會害怕，其實只是指個性意見不能配合，但如能相互尊重，愛其所同，敬其所異，加強情緒管理，敬人者人恒敬之，有剋相女性大都個性強，好勝心重，喜佔權，缺乏女人味，不尊重對方。若能調整修養自己的個性，加强心理建設，研習易經增長智慧，就能化剋為助，將剋夫轉為幫夫，則何懼之有？

在相學剋夫的特徵：

顴骨高凸肉薄或顴骨橫張額亮而高。或額不平，額窄頭大，額大口大。

骨架粗壯似男相，鼻高削如刀或有節。眉粗眼惡。山根斷或有黑痣眼眶大而眼神露光，行為舉動搖擺似男相，聲粗聲音刺耳（金木聲），斷掌手相的女人。

智慧線與生命線開頭的距離太遠（俗稱大川字掌）的手相。。

二十二、貴相女之特徵

1.頭圓額正大小適中，聰慧賢淑，重視家庭，易生貴子。

2.眉清目秀：眉毛勻稱，聚而不散，不濃不淡，EQ佳。眼睛秀長有光彩，黑白分明，神清氣和，心地美脾氣佳，正向思维。

3.鼻正無偏曲，準圓庫起，心慈守信誠懇，夫星緣佳。

4.嘴巴有型，唇線分明，口角微揚，唇紅齒白，開朗大方，有親和力。

5.下巴飽滿，臉頰豐腴，自信樂觀，不吝嗇，樂助人。

6.語清聲圓，令聽者悅耳。

7.笑不見媚，含蓄而穩重。

8.行步從容，温文詳緩，舉止端莊，坐視平正。

女相重四德：不媚不輕不雄不燥，若能令人一見可敬，乃貴氣有福澤之人。

二十三、官員是小人的人相：

1.麻臉，處處用心機，德行修為差者，臉皮易坑洞不平順。

2.下三白眼，仁心不寬厚，憤世嫉俗，就會形成下三白眼。

3.眉稀短促形差，屬於暗箭傷人，背後來陰的。

4.含胸駝背，腰桿不直，伏面沈吟頭過腳，處心積慮要算計他人。

5.正問旁答，辭游辭枝乃為無中心價值者。

6.自視清高聰明者，目中無人比他高明，獨斷獨行，常做出錯誤決策。又怪別人不配合。

7.眼光流露飄忽不定，心不誠，機會主義者。

8.反覆無常似面猴樣，笑容呲牙裂嘴不端莊。

二十四、面相學看官運長久與否

1.印堂寬大平整光亮者，深謀遠慮，有責任感有耐心。心胸寬大能原諒他人。官位久。

2.法令明顯寬大過口似鐘形，但不宜太深長，做事有原則謹慎，官位久。

3.鼻子長，在位長。鼻子短，在位短。鼻長形美思慮周詳。

4.地閣地庫飽圓有力，能寬以待下，得到屬下支持。官位久。

5.垂珠朝口，富貴相守，官位久。

6.脖子粗壯，體力佳。

7.耳朵形優又高於眉毛，專業學識佳。智慧高超。

8.額頭寬廣飽滿瑩淨，聰明幽默應變能力強。官位久。

二十五、何謂「一貴破九賤」

人相學的〈一貴〉，指的是：

1.修為：心性修行完善之人，如了凡四訓所提及的，或悲智双修道行高深之人。

2.眼神：眼有真光，黑白分明，目光如電，聚而內斂。

3.聲音：聲韻有致，韻雅遠響，人小聲大，音質與五行配合。金聲遠響不散，木聲嘹亮清幽，土聲沈厚，水則圓清。

4.神安和氣、耳白潤秀、齒如編貝、皮潤細白。另外有特殊格局之相，也會展現特殊才能，或發貴一時，例如：

五小格：頭面軀手足肢

五短格：頭面手足身

五長格：（同右）

五露格：眼耳鼻唇掀齒暴

二十六、宜謹慎擇交之人

莊子說：良禽擇木而棲。這指的擇交的重要。人之善惡通心竅，而現於面與手。簡列人相學宜謹慎擇交之人：

一麻二矮三捲毛（麻臉身材過矮毛髮捲曲者）。

面皮青薄

面色過黑

面色過藍

面色過赤

面無純色

腦後見腮

面肉橫生

面上無肉

眼型三角

眼露四白

眼紅眉豎

眼光流露

喜送秋波

眼深嘴尖

眼小口小

鼻似鷹嘴

鼻頭尖細

鼻輒攝動

眉骨過高

眉濃而亂

顴横眼突

口如鼠吻

縫頭順嘴

聲如豺狼

長頸鳥喙

滿面凶紋

二十七、基本相術口訣：

上停長，少年忙。

中停長，近君王。

下停長，老吉祥。

五岳朝歸，錢財自旺。

發科一双眼，及弟兩道眉。

男以精神定富貴。

女以血氣許榮華。

男要好眉，女要好鼻。

男看天庭，女看地閣。

兩耳貼腦，富貴到老。

垂珠朝口，與財相守。

額頭飽滿，早有藝學，青春不留白。

印堂開闊平滿，一生順遂。

二十八、眉平順，戀愛順。

眉秀輔君王，鼻高近君王。

眉濃情濃，眉淡情淡。

眉亂情亂，眉開看得開。

欲知心裏事，須辨眼中神。

視平者德，視流者奸，

視斜者陰，視專者狠。

問富在鼻，問權在顴。

口大有收，精力充沛。

口小鼻大，器量狹小。

唇不蓋齒，無事招嫌。

傲乃相中第一忌。

二十九、相由心生心滅

俗云：若不識字也不可不識人。有諸內，必形諸外，相由心生，相由心滅。雖然人心隔肚皮，虎心隔毛皮。透過人相學也可看出端倪。

耳相：透露出其人之心境 福氣 性格婚姻。視其厚薄形狀高低大小。

眉相：透露出一個人的個性與情绪，有粗细濃淡形狀之分。

眼相：透露出潛在的性格 價值觀，是心理與生理的活動。有斜眼 垂眼 眼形眼神聚凝否。

鼻相：透露出其人之道德觀 情慾 自尊人格財富婚姻姻緣。依高低長短圓尖大小明暗。

唇齒：透露出誠偽忠奸體力婚姻子息 慾望 品味。依開合 大小 厚薄 正斜 唇弧唇色，齒列齊否，口角高低。

男重天庭，女重地閣。

男看精神，女看氣血。

男要好眉，女要好鼻。

人貴自知，能够知命掌運，才能為自己改運。

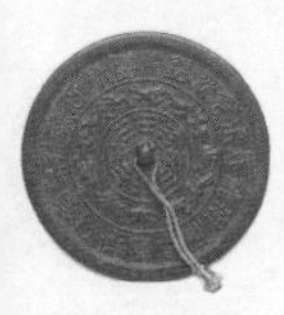

三十、如何造命

俗云：「落土時，八字命」。人出生下來，在當時的時空點交集，生命曲線就已勾勒出來。要改變命運，一般皆認為借助風水調整或遷居，做善事積陰功，讀書努力或改名號等。亦可透過靜坐冥想，走進自己的潛意識，用正向積極指令修改命運的密碼。

三十一、聽其言，知其人

孔子曰：「巧言令色，鮮矣仁」。貌者相之表，言行乃相之裏。相人除了相其貌，還要觀察其人之言語。言語是心念的投射。如炫己貶人，時時誇大自己，是為傲慢之人。也可從話語來反面透視人的心態。

例如：常說自己是古意人，奸也。

說己謙卑慈悲者刻薄也。

誇己廉潔者喜貪也。

誇己勇敢者怯懦也。

誇己最忠實者奸詐也。

誇己最公正者偏狹也。

誇己最坦白者隱晦也。

誇己行事透明者陳倉也。

孟子曰：「遁詞知其窮」。

三十二、旺夫之女相

婦人喜穿舊衣或蓬頭垢面或愛嘮叨也是家運不興原因之一。

新年時，有理由去添新衣做頭髮 美美的迎新年。

髮的發音近（發）。整髮是有發好運之兆。

人相學旺夫相：

聲音清悅

肩圓背厚

鼻準渾圓

耳珠朝口

口唇红潤

三十三、情緣似朝露

鼻為夫星，鼻子是女人最重要的部位。鼻相優劣攸關自己婚姻及情緣。鼻相好的可以配貴夫也會蔭夫及相夫教子。

反之，女人鼻相差的婚姻情緣多不如意，波折是非亦多，或獨身傾向。

如：1.鼻子短短，鼻孔又朝天，似豬鼻孔。個性率性任性愛非所愛，情緣似朝露。

2.鼻子太小者，自信心不足，猶豫不決，難遇良人。乾脆不嫁或當情婦。

3.鼻子廋長高挺者，完美主義，擇偶採高標準，易錯失機緣。而有獨身傾向。

4.鼻子三彎，側看呈S型者個性怪僻固執，與配偶不易相處。易常做新娘。

5.臉型方型，鼻子又太大者，不得夫疼愛，一生為夫勞。不然自己幹練，事業有成而獨身不嫁。

6.眼角下垂者，感情易盲目衝動，嫁錯對象，或獨身傾向。

7.耳朵耳珠都特小者，個性易多疑煩憂，無美婚可享。

相學云：「男要好眉，女要好鼻」。的確女人的鼻子是可以改變歷史。

三十四、對號入座－情投意合

男女配對合婚的方法很多，如：

1.双方八字喜忌刑冲會合。

2.紫微斗數命宮與夫妻宮的星曜相似的组合。

3.12生肖三合六合為佳。

4.出生命卦東西四命是否屬性相同。

5.双方出生年之六十甲子納音五行生剋。

6.以姓名學畫數是否投緣來電。

7.以西洋占星之星座搭配等等。以上方式愈多配合則愈佳。

8.面相學較佳的配對則有幾項：眼睛代表一個人的價值觀及潛在性格，大眼睛宜配大眼睛，小眼睛宜配小眼睛，双眼皮宜配双眼皮，單眼皮宜配單眼皮。否則價值觀不同，視野不同，大眼瞪小眼。眉毛為情緣宮，代表個性熱情及情緒，濃眉宜配濃眉，淡眉宜配淡眉。否則一投熱情一投冷淡。若能遇到眉眼相似，對號入座，眉目傳情，姻緣美滿。

三十五、大中至正

1.耳朵左右高低不一：運滯少成，厚薄不一，心裡不平衡。左右形狀不一：與父母緣薄，情绪不定。

2.額頭左右高低不一：判斷力弱，髮際高低不一：婚姻不美。

3.眉毛左右高低不一：双重性格，本位主義，兄弟姐妹不同心。

4.眼睛左右大小不一：情绪多變，有才華但起伏大。懼內或剋配偶。

5.鼻翼左右大小高低不一：喜投機但没偏財運。

6.顴骨左右大小不一：偏激，薄行。人際関係差。

7.人中左右歪斜：婚姻不美，心性不佳，女防婦科之疾。

8.法令左右長短深淺不一：事業多變。領導統御差，缺乏人情味。

9.口左右歪斜：巧言喜辯，口是心非，婚姻多是非，子女緣薄。

10.腮骨左右不一：缺乏耐力，抗壓弱，不易相處，朋友背叛，晚運差。

人相學：左右對稱，三停勻稱，一生平順，衣祿不少。大中至正之相，富貴可期。

三十六、偽君子 真小人

人相學是以貌者相其表，以言行者相其裏。即從一個人的容貌談話及行為舉止來了解其心性。易繫辭傳云：「將叛者其辭慙，中心疑者其辭枝，吉人之辭寡，躁人之辭多，誣善之人其辭游，失其守者其辭屈」。從以下幾點來辨別。

1.凡事講話吞吞吐吐、含混不清、不直截了當、游移不定、語言多泛模稜兩可不正面立言、閃爍其辭語多牽强。縱然有義心亦有鬼。

2.經常眼球流視，左右轉動為多奸詐背叛之心。

3.口唇先動或舌先舐唇而後語者心機城府深。

4.言談間習慣性不自覺的摸鼻子摸脖子或鼻輸攝動者，心不誠狡詐貪婪。

5.眼形三角鼻尖似鷹嘴口如鼠吻，耳後見腮，面肉橫生，面色青藍者假仁假義，心藏九曲奸計高。

三十七、年齡歲數的禁忌

人生行運的關隘，依人相學有三道關卡及四道瓶頸。

1.三關為15 25 35歲，行運到該歲數，若面相流年當值部位（分別在髮際額中眼相）有缺陷者運勢必然不順。

2.四隘為41 51 61 71歲，值年部位分別在鼻之山根人中承漿地閣，若該部位有缺陷則行運至此宜特別謹慎小心。

3.歲數逢9，九為陽之極，也是一旬的轉捩點，容易變化。宜變化得宜。

4.歲數之和為10（例19 28 37 46 55 64 73歲）稱為空亡運，容易判斷錯誤或被騙。

5.民俗方面，忌諱言歲數與聖人或英雄人物之享年。例孔子73歲孟子84歲包拯45歲周瑜36歲。

6.忌言66歲，易經坎卦為6數，66為重坎，為陷中陷不吉。

7.忌言百歲，有百年之後之暗示。

8.忌言81歲，乘數9x9算盡了。有些禁忌大都是心裏的幻相，不宜執相。要有自信年年是好年。

三十八、體質配八卦

依自已的農曆出生年月日來取卦。陽干用陰爻，陰干用陽爻。出生年為初爻(下爻)，出生月為中爻第二爻)，出生日為上爻(第三爻)。

「道生一，一生二，二生三三生萬物」三爻方能成一卦。

乾卦之人，五行屬金。
兑卦之人，五行屬金。
離卦之人，五行屬火。
震卦之人，五行屬木。
巽卦之人，五行屬木。
坎卦之人，五行屬水。
艮卦之人，五行屬土。
坤卦之人，五行屬土。

五行對應身體為：金主肺氣管，火主心臟血液循環眼目，木主肝膽四肢神經，水主腎泌尿生殖系統，土主脾胃。

易經說卦傳：

乾為頭，坤為腹，震為足，巽為股，坎為耳，離為目，艮為手，兌為口。

算出自己是何卦，進而知道自己的体質，以食物屬性配合四季來加強補其不足。

三十九、擇良辰吉日

婦女要剖腹生產，大都會找命理老師幫忙擇日，但若請三位命理師擇出的時間，往往不會相同的。到底要如何取捨？原因為何如此呢？一來是每一位命理師的功力不同，再來是每位命理師注重的角度有所不同。

其實胎兒自己會選自己的時間出來人間。不一定會照父母選定的時間。有時會提早，有時因其他變數而延期，例如醫生醫院的完全配合與否，地震停電交通或家人意見分歧等等，而無法如願。若是福報厚足的，自己會挑好時間出來或父母會幫其選到最好命盤生下來，否則若福報不够，也可能選到不佳的時間。所以擇日生產沒有太大必要。最好還是自然生產，必需剖腹就配合醫生隨順因緣。不必執著而特意强求非擇日不可。

四十、夫貴妻榮

俗話說：「男怕入錯行，女怕嫁錯郎」。女人如選對了生命中的良人，夫貴妻亦榮。

相書云：男人以天庭取相，女人以地閣論福。

男人容易顯貴之相：

1.龍顙鐘聲面盈尺一貴也。額頭圓廣高聳，基礎紮實，邏輯思考縝密，聰明果決，氣度大，理想高遠，處事圓融，與配偶互動佳。

2.印堂開闊平滿，心胸開朗，以德服衆，人望佳，智慧高超，深謀遠慮，有責任感，一生順遂。

3.「男要好眉，女要好鼻」，「眉秀輔君王，鼻高近君王」「眉清目秀，名成利就。」「發科一双眼，及弟兩道眉」。眉宜長揚聚富貴可期。

4.眼神旺而安定，不露不蕩，視瞻平正，品性端正，有抱負有擔當，決策精準。

5.鼻如懸膽，高直豐隆，忠厚智高誠信意志力强，學有專長，業有造詣，鼻顴搭配得宜，名利双收。

四十一、妻賢夫禍少

易經第37卦：家人。利女貞。女人正及治家有道是家安寧的基礎。俗話云：成功的男人背後都有個賢妻。

有旺夫相之女：

1.聲音清悅語平，柔中氣足，端莊而不媚不輕不雄不躁。

2.耳之弧線完美，耳朵厚長而貼，耳珠朝口，忠貞不渝，待人寬厚，仁心福多，衣食無憂。

3.口角上揚，稜線分明，唇紅齒白。樂觀健康。

4.鼻直挺，鼻樑不太低也不高，鼻頭圓潤高挺，鼻翼飽滿不露，心慈財氣旺。

5.眉毛平順，眉尾略彎，形如新月，聰明心細，個性溫柔，有情有義。

6.眼睛形秀，眼神清澈安定者正向思維。

7.臉形方中帶圓，下巴豐滿，善解人意，容易相處，願意付出。

8.印堂(兩眉之間)不窄，平坦如鏡，胸襟寬達。

9.頭圓生貴子，額圓明潤，智慧高，處事圓融。

10.頭髮柔細潤秀，性情和順，夫妻恩愛，家和萬事興。

四十二、觀音痣

大部分的痣都是後天長出來的，長在那一個部位就有其暗示意義及其吉凶。觀音痣：痣生長在兩眉之間印堂位置或稍高些稱之。

一般而言，有觀音痣的人，其上輩子與宗教修行可能有特殊的因緣。所以此生最好繼續多接觸宗教及修道佈施。同時要淡泊名財利祿，體悟性空，思慮不超越本位，不做非分之想，愈無貪欲則愈能得到，還會很快樂。反之，命運多悖舛。

或許可以說有觀音痣的人，這一生是要修〈空〉，見諸相非相，無妄想，無為而為，隨緣任運，只求付出不求回報，命運才能亨通無礙。

四十三、金多刑，火多剋

金形人：形狀端方，質地堅實，個性剛烈，處事雖精明幹練，但人際關係不夠圓通。

火形人：輪廓深刻或呈菱形三角形，聲音焦烈沙啞，耳形尖，耳廓太凸露，眼睛常紅紅，講話速度太快，動作急躁，則會反剋自身，多不聚財，如同火焰燃燒，一生成敗迅速，來的快，去的也快。

吉相之人：「得失不驚，其神貴富」，「榮辱莫改，其人惟賢」，處事穩重從容果斷，急事能淡定慢慢說，年輕能內斂表成熟，中年人有魄力者能內斂，老年人有威儀者能內斂。能光而不耀，威而不猛，情厚意閑氣度大，一生多平順。

四十四、當門二齒

門牙與腦下垂體生殖腺機能有關，相學上會影響性格 精力和生活運勢。

門牙為內學堂，宜整齊 密實 長而正 白淨 色潔，細語不見齒為貴 。表示體健，親緣足。門牙不宜太大 或太短小，斑黑 缺牙早落(60 歲前)，參差不整齊，外斜，向裏斜或打橫斜，中間露縫空洞，有缺角，中間夾犬齒，二門牙分太開，門牙太尖，前後相疊，或與其他牙齒一樣大小。則或多或少都會影響夫妻感情 婚姻 愛情 財運 性格作風 運勢起伏較大 兄弟姐妹及子息緣份差。最忌結喉又露齒，齒露唇掀，唇不蓋齒。若矯正牙齒，運勢缺點的程度可稍微減輕些。

四十五、小指手相學

俗云：「小指超過三關，一生不愁吃喝穿」

手相學大致而言，拇指代表意志力，食指代表領導力，中指代表人生觀及人品，無名指代表配偶運及異性緣。

小指在手相學代表社交運人緣 口才 商業頭腦 子女運 婚姻運 腎及腸胃功能財運及晚年健康運。

若小指長度超過無名指的第三節，則一生人緣佳，社交廣，子女多 或部屬信徒也多，財運晚運均佳，一生不愁吃喝穿。

小指長的人，聰明 好學 模仿力强 口才 及反應較快，晚運及身體健康 生男孩機率較高。小指太短者生女孩機率較高，子女緣較薄。

小指若太短 廋小 彎曲 受傷，則會影響到子女緣 財運 晚年健康。也不宜經商。小指也不宜有四節或只有兩節，皆不利自身，要多修身養性。

四十六、走相不正心眼歪

動為陽，靜為陰，動靜有常。從走路姿態可見其人的內在性格，格局大小，身体狀況等。

1.行路搖擺 手足身亂動 如蛇行者，波折一生，心險惡。

2.行路頻回頭而身不轉如狼顧者，性狠毒疑心重，報復强，一生多是非。

3.舉止多輕，脚跟後著地如雀躍者，心性輕佻浮躁，奔波漂泊勞碌一生。

4.腳步聲沈重或拖著腳跟而行或右脚先行者，非貧即賤。

5.下半身脚長，小腿又無腿肚，行步頭先向前，伸頭過步者，急功近利，子女緣薄。

行路宜抬頭挺胸，脚跟著地，上半身向上伸展，肩膀不搖也不僵硬，不疾不徐，視瞻平正，步履穩重，向前邁步，有氣度威儀之態，格局定大。

四十七、地閣下巴相理

男人以天庭（額頭）取相，女人以地閣論福。地閣相理對女人更重要，因為地閣相理佳者，有幫夫運，同時也影響到自己健康，社交運，晚年運，子孫運，住宅運。

吉相：地閣宜豐圓结實，臉頰肉厚，大都心胸較寬大，精力足有耐力，持續力，決斷力，意志力，統御力，人際佳，有人情味福澤多。

不宜之相：下巴尖細（瓜子臉），下巴突出，歪斜（子午不直），太長，短小，凹陷，向內後缩，大戽斗，削腮，鬆弛，面小腮大，額小閣寬，頤骨突出（耳後見腮），橫紋，疵紋，惡痣。一生大都勞多功少，更會影響到晚景不佳，人際差，也不宜當老闆，御下無術，福澤不足。

四十八、唇紅齒白，多才多藝

齒為骨之餘，血氣强者齒多而長，骨質佳者，齒堅固，色白瑩。牙齒在相學上也可看其人性格 婚姻 親情。「大言不張唇，細言若無齒」是為貴相。若唇不蓋齒，無事招嫌。「齒列交錯，婚緣不睦」。

吉相：齒宜齊且正，堅而稍長，多而瑩潔。則多健康聰慧，多福壽，為人也忠信。尤其前面兩顆門牙，關聯與父母親的緣份，婚姻感情，子女運，內分泌的强弱，及一生運勢財運。

不宜之齒相：齒歪斜 外傾尖牙 參差不齊 內傾 暴牙 稀疏牙 牙縫太大 齒短 重生齒色焦黃 枯黑 枯白 齒太小 下齒掩上齒。在性格上多少有影響。

四十九、嘴唇之相理

順口溜：「口大吃四方，皮厚耐風霜」。口相影響夫妻運 子女運及晚年運。口相也看一個人的口德及氣質。

吉相：口唇之大小厚薄宜配合五官，上下唇相幅，稜線分明，色澤紅瑩，嘴角略微上揚，運勢較佳。一般而言，口大者較積極 主動 外向 愛變化。口小者較保守內向。口唇厚度與愛情量成正比。唇太薄者愛耍嘴皮，吹毛求疵。

不宜之相：唇太厚或太薄，唇扁平又肥大，口角下垂，口角兩邊高低不一，口角鬆弛，口大無收，向左或向右歪斜，上唇往上掀翹，下唇外翻下墜，上唇凸下唇缩，下唇凸上唇缩，唇厚而小，唇之稜線不分明，唇光滑無直紋，口似吹火（覆船口），口形尖撮或撇嘴，唇上有痣，唇色白而無光澤，唇色深紫或青如藍靛。也忌口大眼小，口小鼻大（土剋水）口大鼻小，口大耳薄小（水多木漂）。

五十、法令纹相理

法令紋主要看人的做事態度 領導能力 社會人脈 事業成就 說話份量 正副業優劣父母緣份。

吉相：法令紋似「鐘」形，寬廣明顯，長而過口，左右對稱，氣色明亮。

不吉之相：

1.法令紋不明顯威儀不足，領導統御差。
2.紋溝太深犯孤神，尤其女生易影響婚姻。
3.紋太短太窄，左右長短不一樣，紋歪曲，中斷或有横紋切過事業易受阻。
4.太長或双重或太多條法令紋則主勞碌命。
5.紋上有疤痕或痣易有是非及足疾。
6.法令紋上端沖鼻翼易漏財。
7.法令紋尾端入嘴角，易患消化系統疾病。
8.法令紋生小瘡，謀事不順及文書困擾。

五十一、人中相理

相學的「人中」部位在鼻子正下方，口唇上方的凹溝。相經云：「人中長一寸，享壽百歲」，意味人中長的人，若眉眼無煞來破格，大都能長壽，為人厚道，樂善好施，有情有義，名望高，事業有成，子女運佳。

人中吉相：宜寬廣適度，溝深明顯，潔淨，直且長，稜線輪廓分明。

不吉之相：人中太窄或太寬，上寬下窄，溝淺且短，平滿，稜線模糊，屈曲，歪斜，太細如一直線，人中隆起，有横纹或十字紋，有疵痕，有灰黑痣或咖啡色痣，生赤瘡或血絲，色暗濛。女生在人中的汗毛過黑，男生的人中沒有鬍毛或鬍毛逆亂。皆會影響個性，器度，婚姻，子息，健康，運勢。

五十二、顴相

顴骨高聳有力者，筋骨發達，有毅力及耐力，富企圖心，執行力，責任感，並且在社會活動範圍也較廣，能比較有機會掌握權力。

若男人顴高再加上鼻大，下巴厚實者，精力旺盛，可稱是個猛男。

若女人顴高豐圓有肉（不宜尖凸無肉包覆），則是巾幗不讓鬚眉的女強人，也有幫夫運。

如双顴如峰，再加上眼目有神，印堂平闊，是有魄力，馭眾有方，具呼聚喝散之威。

顴與鼻猶如君與臣關係，宜相稱，不宜顴高鼻低或顴低鼻高。

不宜之相：最忌顴凸高尖露無肉，或顴高頤削，左右顴大小不一，顴骨橫張，顴太低平，疤纹破顴，有灰暗痣，顴上生鬚（野狐鬚）。如氣色灰黑乾枯或生赤瘡，是時運不佳，願望難遂，此時交友投資宜保守謹慎。

五十三、鼻相：富貴善

鼻居中央土，「山不厭高，土不厭厚」。

鼻相豐隆藏孔者富，通天有勢者貴，端正潔淨者善。鼻相有關人的根基，健康，意志力，自尊心，品格，事業，婚姻，財運。「女鼻削薄，感情飄泊」，「男鼻準頭豐起，富貴無比」。

吉相：山根高而飽滿，鼻樑高而挺直，鼻頭肉豐有勢，鼻翼厚實，鼻孔不露，氣色黃明財運亨通。

不吉之相：山根低或狹小有横纹惡痣，鼻了短小，塌扁，鼻薄無肉，鼻樑狹窄，鼻太高而顴低(孤峯獨聳)，鼻節三曲四曲或中凸骨露，鼻子歪斜，鼻頭翘曲，鼻頭肉薄而尖細或似鷹勾鼻，鼻準長又肉豐但下垂，鼻翼薄又小或孔露，鼻子暗滯或赤色。

五十四、眼相＝官學堂

眼睛為內神出入之門，主心性，思維，謀斷，聰慧及官職，故稱為官學堂。「睛不明，心難測」，「眼惡心惡，眼斜心邪」。

吉相：眼宜秀長，黑白分明，神光爍人，藏而不露，和而不弱，視瞻平正。

不宜之相：視瞻不一（眼神流轉，閃爍不定），三白眼（四白眼 上三白 下三白），赤脈貫睛，眼凸神露，三角眼，鬥雞眼，左右眼大小懸殊，眼太大或太小，眼圓而短，眼神混濁或呆滯，眼有艷光，神急神昏，眼睛凹陷，眼尾下垂，沒睫毛，眼內有痣，眼尾有痣。

五十五、眉毛＝保壽官

眉相攸關壽元，太差的眉相要防意外發生，故稱保壽官。眉相也與人的個性情緒有關。

眉毛可細分三區段，眉頭看朋友，眉中段看兄弟姊妹，眉後段看夫妻情緣。

俗云：「藏精於骨，現精於眉」，「發科一双眼，及弟兩道眉」，「貴女無賤眉」，「眉平順，戀愛順」，「色在心底，隱於眉」，「眉濃情濃，眉淡情淡，眉散財情皆散」，「眉秀輔君王，鼻高近君王」。

好的眉相：眉形與毛宜長，清晰而過目，眉尾毛聚，兩眉退印而生，眉有彩（潤澤亮光），中老年後生出壽眉。

不佳之眉相：鎖眉（兩眉相連），粗濁，雜亂，逆生，上豎，捲曲，中斷，疤痕，太短，無眉，稀薄，眉頭太低，眉尾散開，或尾分叉，眉捲如旋渦，眉低下壓眼，或低斜過目，兩眉左右高低不一，眉稜骨高凸，婆娑眉，大刀眉，眉有惡痣，眉形三角（人字眉），眉如掃帚者。

五十六、印堂＝命宮

印堂（兩眉之間）是面相學的命宮，攸關一生成就高低，印堂相理佳，一生也較順遂快樂。

1.印堂宜開潤平滿方正明亮如鏡。「印潤樑高，一生近貴」，主其人心胸開闊，智慧高超，以德服衆，貴人多助，男子有責任感，女子旺夫相子，富貴可期，生活愉快。

2.印堂寬度有1個半到2個手指幅就很好，也不宜太寬，否則容易流失財運和愛情，女子也會容易太輕信他人而上當，或錯失結婚機會。

3.印堂太窄者甚至眉毛相連：沒耐心，猜忌多疑，心胸狹隘，孤僻不群，多負面思維，易鑽牛角尖，放不開，患得患失，不够体恤包容，不利早婚。

4.印堂有懸針紋（印堂中央直紋），意志堅強，愛恨強烈，倔強固執，人際欠圓通男子一生事業幾番浮沈，女子多親力親為又不得夫恩。

5.印堂宜平正如印章，骨不宜高突。也不宜凹陷或有雜亂紋痕。如八字紋川字紋刑獄紋等。更不宜有赤氣色及黑氣色。

6.印堂痣又稱觀音痣，主其人有修道緣，此生任務宜「修空」，接觸宗教，服務人群，秉持不求名利，名利才會到來。

五十七、額頭相理

額頭為貴賤之府也，怎麼樣的大腦就有怎麼樣的額頭及怎麼樣的人生。「頭圓額廣天倉滿」者「早有藝學，父母尊貴」。

額相有關其人的聰明才智，邏輯思考能力，理想抱負，做人處事態度，及應變能力。

好的額相：光滑 圓潤 寬廣飽滿 高聳 氣色明潤 天倉豐滿。可得到天緣力，根基佳 基礎紮實，天賦高，聰明果決，勤奮事業有成。

但女人之相宜柔，所以頭形不宜太大 額不宜太高（女人男相），或太方 太寬太突太亮。

較差的額相：扁平 太低 低陷 太窄 太尖（美人尖沖印堂）左右歪斜 斜梯往後天倉（髮角）凹陷 髮際不齊或呈雁行狀 雜毛太多 抬頭紋太多或雜亂呈蚯蚓狀 氣色黑濛 惡痣。

額相不佳者不宜經商當企劃或主管之職，宜從事學術、宗教慈善事業或當執行者就好。

五十八、耳相摘要

耳朵主要看人的先天遺傳之氣 先天潛在的特質。有關福澤 祖蔭，及其人的安定性 智力 健康 性格 脾氣 婚姻 運勢 壽元。

耳朵吉相：耳肉堅厚 耳垂大 又圓厚朝口 耳形大而貼腦 長而略高 輪廓明顯 耳色白潤有耳毫 親情溝清晰。

耳朵不吉之相：耳肉薄而突出（招風耳）太硬 短小（鼠耳）太軟 太低 形劣而太高 歪斜 缺損 耳珠太小 或無耳珠 耳形上部尖（狼耳）或下部尖 或上大下小（耳蓋大耳垂小）耳廓外凸 或無耳廓 耳輪外翻 或無輪無廓（驢耳）左右大小不一 厚薄不一 上寬下狹 耳孔小 耳垂有紋 耳色黑濛 耳大眼小 耳大唇薄小 耳過小而眼過大 耳過小而鼻過大 耳垂後有凹空 胖人耳不貼耳 命門有直紋 耳後無根。

五十九、面相學順口溜

1.「耳薄向前，賣盡田園」：即耳朵薄又傾前的招風耳。

2.「兩耳貼腦，富貴到老」。耳朵貼腦者心思細，善謀略，有長輩蔭及貴人旺。

3.「兩耳垂肩，壽比神仙」。耳朵長者壽元較長。

4.「珠圓朝口，財富相守」。耳垂厚圓又朝向嘴角者，中老年較能聚財，晚年生活安逸。

5.「眉清目秀，名成利就」。眉形秀美又清晰者，處世面面俱到，手腕高明，貴人運旺，早有名利可得。

6.「眉如初月，聰明超越」。眉形優美，眉毛平順，脾氣好，戀愛順。

7.「女鼻削薄，感情飄泊」。鼻樑狹窄又肉薄者，不得夫寵。

8.「鼻樑低陷，容易受騙」。低陷鼻子者意志力薄弱，易上當。

9.「鼻子尖細，計較又重利」。鼻頭尖者，妒心重，愛爭競，佔有欲強。

10.「人中深長，福壽綿長」。人中要長，是長壽的必要條件。

六十、木行人忌濃眉

人相學依人之形質分為五行，圓形色黑質軟屬水，尖形色赤質硬屬火，長形色青質韌屬木，方形色白質堅屬金，厚實色黃屬土。五官也依此法則來看五行，但五官各部位的五行不宜和其人所屬五行（本体五行）相剋。例：廋長形的木行人若眉毛粗寬濃（屬金），為金剋木（部位五行金剋本体五行木）主凶，流年行運至眉毛運（31-34 歲）必有災咎。又例如臉方者為金行人，若其嘴唇細薄（屬木），為金剋木，本体五行剋部位五行，若行運至嘴唇運（60-65 歲）時則不利時運。總之，論相除了看五官優劣外，更重要須看部位五行與本体五行，相剋者為凶，相生者為吉。

六十一、問權在顴

顴骨部位之相可看人在社交範圍的活動力 企圖心 執行力，及其人之殺力 擔當責任感，好的顴相較易握有實權。如双顴如峰，高而圓聳，印堂平滿，眼目有神鼻顴搭配得宜，會有呼聚喝散之威，必定能逞英豪，坐擁厚祿。

不吉之顴相：

1.顴骨尖凸，臉頰尖削無肉之人，孤剋 偏激 苛刻 自私自利 多敗少成，晚年孤寂。

2.顴高鼻陷(强賓壓主)，或成或敗，部屬犯上，同事倒戈，為官得勢不會久。

3.顴低陷扁平，淡泊名利，消極 被動 依賴 內向 乏責任感 無權位。

4.顴骨橫張見橫肉，個性凶頑，跋扈 破壞心强 與人寡和。

5.顴有紋破或惡痣，權力金錢易被親朋所累，應防中年一破。

六十二、問名在眉

眉毛可看個性性格 名聲 情緣 精力等，古書云「眉秀輔君王，鼻高近君王」，「發科一双眼，及第兩道眉」，「少年一輪眉，老年一林鬚」，「藏精於骨，現精於眉」，「眉長有祿，眉高有權」。好的眉相宜眉毛順而清晰，毛聚不散，形美而揚，退印而生，則易名成利就。

不吉之眉相：

1.眉形短，現實 自私 剛愎自用 易怒 情義薄 婚緣差。

2.眉粗濃散亂，性剛自負 暴躁 不聚財。

3.眉鎖印（兩眉相連），主觀 易鑽牛角尖，多憂 性情不定，叛逆性重，兄弟不睦。

4.眉壓眼（眉眼距近，眼凹陷），性急 宅心不够寬厚，勞碌。

六十三、問富在鼻

早年的財運及理財能力看天倉，中年財運看鼻顴是否搭配得宜，晚年財運看下停之相。

鼻子居面相中央，屬土，土不厭厚，土厚能載物。好的鼻相宜鼻頭豐圓，高挺有勢，鼻孔不露，兩顴來朝拱，一生貴人多助，中年必定官祿亨通，富貴無比，若鼻頭光潤色黃明，井灶有欄，百事榮昌順利，財源廣進。

不吉鼻相：

1.鼻子短小低塌，軟而無勢，志淺氣小，難顯達。
2.鼻樑骨節凸露，鼻頭尖，性剛强，愛争鬥計較，報復心强，不厚道。
3.鼻孔小又仰露，難聚財。
4.鼻尖削細長，又下鈎如鷹，詭計多，顽固妒嫉自我，六親緣薄，中年一破。
5.鼻短女人，任性好辯，情緣像朝露。

六十四、問貴在眼

眼睛為內神出入之門，心靈的窗户，是心性與思維之展露，也是看能發科貴顯與否。眼善心善，眼惡心惡。

眼相宜長而秀，黑白分明，目光如電，炯炯有神，神光內蘊，瞻視平正，遇變不眊，望之儼然，即之也温，必定貴顯。

不吉之眼相：

1.眼神流轉，閃爍不定，為心懷不軌，多邪念之人。

2.圓短又凸之眼，自私薄情，婚不美。

3.三角眼之人，工於心計，一生是非多。

4.三白眼(下三白上三白與四白眼)即黑眼珠太小或不在眼中央，心高氣傲，縱有才幹也自私，假道學，叛逆多災殃。

六十五、論福在耳

耳相是看人的先天氣及其隱藏的本質，與遺傳的基因及個人業力有關。

吉相的特點：

1.耳輪堅厚，体健福厚，為人忠信，出生後父母也會發達。

2.耳珠圓厚朝口，晚年財富可相守。

3.耳形弧美，耳廓不露又貼腦，婚姻美滿，賺錢也較輕鬆。

4.耳色白亮，名聲佳，信用好，年老子貴。

不吉的耳相：

1.耳薄又軟，體差福亦缺。

2.耳形尖小，或耳太低，破祖業，耳暗大運必遲。

3.耳朵過大，面小耳大，自負固執，剛愎自用。

4.耳無垂珠或太小，一生勞碌，婚姻不美，無福享受。

5.耳廓外露，脾氣强烈，外向虛榮心强。

六十六、貴相貴格

1.相學云：問貴在眼。顯貴之人，目秀而長，眼有真光，目光有神如電涵藏。

2.頭圓額廣，印堂寬正：智慧高，器度大，思慮周詳，見識廣，反應靈敏。

3.鼻子方正高隆，形如截筒或懸膽，山根直上印堂，兩顴肉豐隨骨起接邊地：能呼聚喝散。

4.聲如洪鐘般的洪亮沈著，餘音合節，韻且長。

5.坐如釘石，立如松，坐姿端莊，腰直體正，起坐舒緩。

菜根譚云：富貴名譽自道德來者，如山村中花，會繁衍。自功業來者，如花鉢中花，會遷徙興廢。自權力霸占來者，如瓶中花，無根易萎。

易曰：「負且乘，致寇至」，「德薄而位尊，知小而謀大，力小而任重，鮮不及矣」。

六十七、財運亨通之相

幾乎人人皆希望財富更多更好，錢多好辦事。不過命中有終須有，命中無莫強求。

1.問富在鼻，鼻子居臉面之中，五行屬土，萬物生成之地，鼻顴搭配得宜，又鼻頭（準頭）色為黃明潤，鼻中段（年壽）有亮光者，必是財星高照，財源滾滾而來。

2.問福在耳，耳朵厚實貼肉，耳珠（垂珠）飽滿紅潤朝口，一生財祿亨通，富貴相守。

3.手指柔而密，指縫隙不空，手掌紋線不溢出指縫，掌軟厚實，掌心紅黃明潤，財名運皆亨通。

4.曾文正公說：「事業看精神，功名看器宇」做事有幹勁有恆心，勤能補拙終會致富。

六十八、問全在聲

五官之相要好以外，要求完美，首重聲音，聲音除了聲與韻要有致，還必須配合其五行與體形，方為貴格。金音遠響不散，木音嘹亮清幽，土音沈厚，水音圓清，音質讓人聽起來舒服。

不吉之聲音：

1.人高大但聲小音輕者，做事不果斷，少有成就。

2.語太慢，吞吐，有聲無音，尾音不聚無力，運滯，少貴人運。

3.女人雄聲，俗媚之氣，勞碌不利婚姻。男人女聲則体差少子嗣。

4.女人聲音生壞皆不利婚姻，子女運差，六親少緣，例如：尖锐 低沈 粗濁 沙啞 蛙鳴 嗲聲 焦躁（火音）聒噪馬嘶 牛鳴 鴨叫 聲急 雄壯 破鑼之聲。

聲音不佳者宜先修心，再修練丹田氣，及發音之法來改善之。

六十九、聲音生壞，不做正室

人之善惡皆發乎音，見乎情，聽其聲而知其心。可以聲音之質色搭配五行論之。金聲：和潤而遠響不散。木聲：清幽而嘹亮。水聲：圓而清，似緩而急。火聲：焦烈而躁。土聲：渾厚若滯還響。有聲有韻，方為貴。有聲無音者少貴人，有音無聲者尖巧。聲音太輕者不果斷。破鑼聲者，多敗少成。人小聲大者為貴，人大聲小者為俗。有幾種聲音會影響女人婚姻及感情。如：尖鋭聲 硬咽聲 低沈聲 粗濁聲 哆氣聲 沙啞聲 蛙鳴聲 馬嘶聲 聒噪聲 雌雄相續混雜聲 及尾音細軟無力等。聲音不吉者，宜修養心性補相之不足。

七十、水深流緩，人貴語遲

從言語看口德，貌者相之表，言語是相之裏，是心念的投射，可知其人之思想價值觀 道德修養 意識型態。

1.如喜揚己善，浮誇傲物，動輒大內宣大外宣，乃為狡詐陰險之徒。

2.言語泛泛，油腔滑調，輕浮又無序，乃為膚淺無修養之人。

3.言語急促，歸類為火行人，一生勞碌，成敗迅速。

4.逢人便稱知己，不辨是非便稱人善，乃孔子曰：巧言令色，鮮矣仁。

言語要不急不緩，陳述事理，簡明達意，不作廢辭，正如易經繫辭曰：「吉人之辭寡，躁人之辭多。」

七十一、沈默是金，善辯是銀

貌者相之表，言行者相之裏。說話是能力，不說是智慧。言行是心念的投射，可看其人的道德修養，價值觀及意識型態，子日：「巧言令色鮮矣仁」。油腔滑調，言語輕浮，炫已貶人，攻訐他人，浮誇傲物，言不擇人，口沫橫飛，隨聲附和，皆非善類。

古云：「一言興邦，一言以喪邦」。「良言一句三冬暖，惡語傷人六月寒」。「與人善言，暖如布帛，傷人之言，深如矛戟」。可見言語含有巨大能量。經常刻薄 犀利 指責 抱怨之人，多無感恩包容之心，不看優點，只看缺點，只會帶來負能量。

「水深流緩，人貴語遲」，言語輕清，不急不緩多為貴。忌聒噪 焦破 重濁聲嘶音啞 音輕尾音無力 語太急或太慢，一生多滄桑浮沈，勞多功少，成事不足。

七十二、男女最佳搭配

若男女夫妻面相搭配得宜，則情濃意深。

1.唇厚對唇厚，濃情蜜意。但唇厚對唇薄則不宜。

2.男的口型大而有收，比較有行動力，搭配女的口型適中，唇稜分明，嘴角上揚，夫妻情深，心情愉快。

3.男的耳朵厚又貼腦（福厚亦能輕鬆賺錢），搭配女的耳珠圓厚（温柔顧家有福氣），快樂融洽。

4.男的眉毛清秀濃黑眉角略揚（情濃精力旺盛志氣高），搭配女的眉型細秀，眉尾略彎如新月眉（体貼善解人意又愛家）。恩愛一生。

5.男的眼睛細長有神而不漂遊（愛情專一），搭配女的眼大而清澈（有情有意）。男有意女有情。

6.男的額相（天庭）寬廣明亮（有責任感），搭配女的下巴（地閣）圓厚（顧家型）。最佳组合，相書云：男人以天庭取相，女人地閣論福。

七十三、論相貴乎「整」

相不獨論，人相學有骨相之奇孤，五官部位之盈缺，氣色之明暗，內相（德相）之厚薄，舉凡行立坐臥，言語 飲食 聲音 髮膚之相皆要參看，還要能辨粗中之秀，雜中之清，方知是否一貴破九賤之格或一賤破九貴之格。

姓名學也是屬於「相」的一環，除了考慮三才之生剋，筆畫之靈動，字形生肖之喜忌，還要看姓與名的形音義，及姓名整体結構形象，而不是名字中用了那一個字就不吉，或那些筆畫數就一定不吉。往往偉人及有大成就者的名字是凶數，或其名字也不合生肖學，其原因就在於論相要全方位考量，不能單獨論斷。

姓名學篇

一、象數理姓名學

想取一個好的名字或公司名，要考慮到名字的形象數字及義理三方面皆有兼顧到，才算是及格的好名。名以正體，字以表性。

姓名學的派別很多，最常看到一般人都很介意熊崎式三才五格及81數吉凶表的吉凶，其實其吉凶不是絕對的。還要考慮其他要素。

象：漢字正體字的字形有無配合其時空條件。

數：字的劃數有無配合五行生剋及卦象特性。

理：整體名字之義理是否正向合情合理。

如影隨形的名字蘊藏著很多玄機，豈可不慎乎？

二、本命密數-掌握人生

未有天地氣數已具，即有天地便已象顯。生命孕育之初氣數便具有，在時空交會因緣具足，一生下來形象便完成。依出生的時間來決定其本命密數。再依密數配合卦象。

例：國曆 2018 年 8 月 30 日出生之人的本命密數為何？

2+0+1+8+8+3+0=22

2+2=4。4 即其本命密數。

依九宮八卦看密數特性：

1：坎卦之人，領頭羊，開創型

2：坤卦之人，引導配合型。

3：震卦之人，熱心型。

4：巽卦之人，親和型。

5：五黃中土之人，冒險型。

6：乾卦之人，勤勞型。

7：兌卦之人，感性型。

8：艮卦之人，務實型。

9：離卦之人，敏銳型。

＊本命密數加上流年（西元），若最後個位數為9，該流年易有變動象。

三、漢字的奧秘

倉頡造字，每一個字本身皆含有象數理在其中。聊一聊日本的年號。例如：

明治

明：左邊是日，右邊是月，日升於東（震卦）月升於西（兑卦）。日與月的運行，乃合乎天道，震卦是春天，兑卦是秋天，一個春秋是一年，年復一年。

治：左邊是水，水乃萬物之母，滋生萬物，右邊形狀象在平台上拱脚，無為而治之象。明治時期就比較安分穩定。長久一些。

大正：大字，象形為一人在天之下。

大若出頭天，方為夫。正字，上與下的組合字，意謂上下不安，容易變動之象，大正時期就相對短暫些。

昭和：昭字，右邊刀子出口，即刀已拔出，刀子一出不傷人便傷己，在光天化日之下，發動戰爭，血光傷亡在所難免。和字，禾為五穀雜糧，養育人類，右邊為一口形，戰爭時期按口分糧。

凡是國號 公司名號 產品名稱 店名 人名，其實都有玄機的。

四、偉人與凶名

古往今來很多偉人和大企業家的名字依照傳統姓名學的分析，筆畫很多都是凶數，三才（天人地格）也都相剋的多，甚至名字也不合生肖喜用之字。凶名有時反而能有大成就，原因有二：

1.凶名一生磨練多，「天將降大任於斯人矣，必先苦其心志，勞其筋骨。。。。。。。。…」通得過考驗則成功，否則一生悲殘失敗，所以英雄或狗雄一線間，天才與白痴一線間。

2.命理學有「一貴破九賤」之說，道行深的專業命理師方能看出凶名中隱藏的那「一貴」，完全破除了一般人認為的凶名。

姓名學人相學八字學等也皆有「一貴破九賤」之說，學習命理學要能探賾索隱，才可斷吉凶。

五、全方位姓名學

每個人的名字如影隨形伴你一生，甚或名揚四海名垂千史。命個名豈可草率為之。但命名學也是一門大學問，有曾為自己小孩取名的人，大都有經驗過選名的困難。取名應注重名字的形音義及數理的組合，絕對不可單論：例如筆畫凶數不可用，那幾個字绝對不可用，三才相剋不可用等等。

凡事没有絕對的，取用凶數及三才相剋或選用忌用之字做名字而成大功立大業的人也不少。對那些只考慮單方面取名的人要做何解釋呢？

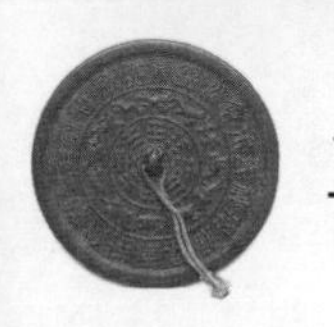

六、姓名配卦法

姓名學派別很多，易經姓名學其中一部分是依姓名筆畫數來取卦象。

1.先天卦的取法：名字的總數除以8取餘數做為上卦，姓和名字的總數除以8取餘數做為下卦。

2.後天卦的取法：將先天卦上下卦對調即是。

先天卦象可看其人的個性與秉賦。

後天卦象可看其人的成就與任務。

取卦方法容易，但依此法論占，必須先研玩過易經64卦方能依卦象來占知未來。

七、名片學

名片也是一個身份的表徵，就像衣服的穿著給人的第一印象。所以名片的設計也要講究。

依天人地三才思維來設計：

天：名號 公司 店名

人：姓名

地：地址電話

1.天人地要齊全缺一不可。

2.名號公司職稱或頭銜太多，即〈天〉太重，壓力大。

3.印上相片。虛花名利太重。

4.四邊加框，限制發展空間。

5.摺疊式，開支大虛榮。

6.陰刻字紋（反白處理），運勢易停滯。

7.背景太花，賓勝主，花俏。

8.直橫並列，不統一和諧，易生問題。

9.橫線在公司或名字下方，或橫線居中分兩半，易生關係升遷障礙。

10.不用黑色紙或撕不破紙。

11.名字最好設計在本命的長生位。（例巳酉丑生肖之人，名字宜放在兑卦位（西邊）。

八、印相學

印章是我國文化特有之一，從古至今都一直沿用著。玉璽 官印 私印 公司印 堂號印 把玩印等。

物物皆太極，太極者道也，一個印章也是一個太極，八卦就分佈在印章八個方位內。八方位代表不同的意義。

若印章有缺損就會影響那個卦位的剋應。印章最忌缺損，要快速換個新的。

除此之外，宜再注意：

1.忌磨損過度模糊，或印泥未清除而模糊。（要勤擦拭）。

2.忌磨掉他人印章重刻自己。

3.印章邊框太粗。限制發展。

4.邊框太細，字体太粗，好大喜功。

5.忌兩頭皆刻。

6.不宜做前後標記。用意是在蓋印時看清楚自己的印。

7.不宜用陰刻。（字凹下）。

8.由專家手刻印章較佳，有靈氣。

9.印泥以朱泥為佳。

10.材質可用田礦玉石檀木艾根為宜。環保因素少用象牙牛角。但不宜用劣質木印。

九、數字的魔咒：

姓名筆畫數也有它的魔咒

1.姓加名字總劃數相加後，再加5，所得之數如為兩位數再相互相加即是魔咒數之年。

例：姓名總數為42畫

4+2+5=11，

1+1=2（魔咒數之年）

若逢流年相加為2即賓果。

民國 101 年：1+0+1=2

民國 110 年：1+1+0=2

如行運到民國 101 年或 110 年都是魔咒數之年，當年運勢八成不順利（破財是非犯小人遭背叛或體差等等）

再例：如總劃數為27劃

2+7+5=14

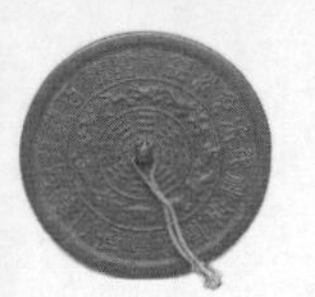

1+4=5（魔咒數之年）

若逢流年相加之數為5即是魔咒數之年，例如民國104或113年即是流年不利之魔咒年（104：1+0+4=5，113：1+1+3=5）。

逢魔咒之年若名字字形不佳者較凶，凡事要謹慎。但名字字形恰當者則可化凶為吉。

十、姓名的卦氣算法

未有天地，氣數已具，既有天地，則以象顯。物物皆太極，易之內涵為象數理氣，即任何事物皆具備象數理氣。爰本於此，一個人的姓名也包括象數理氣。

字形及配卦為象，筆畫為數，五行生剋及字義為其理，劃數之合數為其氣。（例如總格劃數為44畫其合數為4十4=8，8為艮卦，即為其內涵之氣）及流年大運行運之氣與本命配合否。

名字雖然只是一個人的代號，但含藏著無限玄機。吾人不可輕忽它。

十一、取名要領

名字是一個人的符號表徵。每個名字都有其象數理。姓名學派別很多，有時還會互相矛盾。但幾個大原則總要考慮到：

1.三才五格的生剋

2.總劃數之吉凶

3.字形意涵與生肖的喜忌

4.出生年干支納音五行

5.是否雅正 響亮好記。

名字如影隨形伴人一生，也是需要慎重些。

十二、取名原則

八字為先天命定的，大都無法選擇。名字是屬於後天可以選擇的。名字猶如一個人的外衣，穿著外衣要得體，好的名字就如同有得體衣著给人家好的觀感。自己也舒適。

取名至少要注重三大原則：

1.三才五格的五行配置要恰當。

2.總筆畫數要取吉數並配合六十甲子納音。

3.字形要選用生肖者喜用之字，中文的字是義見於形，選字尤其特別重要。

名字雖不是萬能，但選對好的名字至少有加分作用。何況名字是如影隨形豈可不慎乎！

十三、81畫數吉凶之迷失

坊間農民曆及一些姓名學的書籍大都有列出81劃數的吉凶。此乃都源自熊崎氏字劃派的影響。

實際上，以81畫數的吉凶來印證於當代成功人士，很多都是凶數26 19 34 44劃等。然而一些奸犯邪惡之人，反而是吉數24 31 32 35等。由此可知，不可再迷失81數的吉凶。

其實，每一個數本身都有其吉與凶，如同每一個卦象皆有其吉與凶。沒有絕對的。決定名字的吉凶是多面向的，還要配合其他要素，例如漢字造字的形音義，與出生年納音，天運氣數的流行和其生肖喜忌之用字，及五行生剋等綜合論斷。

人之命運好壞決定於先天運與後天運，先天八字已決定大部分的格局，是屬於前世業力所帶來的，不易改變。後天運可透過自身的修行努力知識住宅的選擇與風水佈局等來加吉減凶。名字的影響是屬於後天運，它是可以改善部分。但要選到好的名字也不容易。事實上，根本可以不必考慮81劃數吉凶表，但大多數人已深受其影響而先入為主，不易改正。

名字如影隨形陪伴著我們一生，還是用心幫小孩選個好名字，贏在起跑點。

十四、數的靈動與迷思

奇數1 3 5 7 9為陽，9為陽之極，陽極陰生，故易經陽爻用極用九。

偶數2 4 6 8 10為陰，6居偶數之中，易經陰爻用中用六是也。

九與六是為動爻，九進為十，六退為五，五與十居河圖之中，為進退變化，萬流歸宗。

河圖之數為10，10-2(5與10之中土) 即為八卦。

10-1(太極) 即為洛書九宮。

天地定位：先天卦序乾1坤8，1+8為九。後天卦序則為9+1合為十。

數變則質變，質變則形變。

數本身並无絶對的吉凶，而是依其卦象形質及其五行而定。

故坊間流行的81劃數吉凶則不可為典要。但大多數人皆迷思其吉凶。

完整姓名學是要考慮到音義形數及五行生剋。命名也是一項藝術。

十五、乾剛 坤柔

男人的名字宜陽剛，才有創造力，其他搭配得宜就比較有成就。反之，若男人的名字取女性柔美的字義，則缺乏創造力，只宜文不宜武，成就不易太大。

女人的名字宜柔順，人生才會美滿。反之，若女人的名字取陽剛字義或單名者，易有不服輸的性格，事業心重，在事業工作上可能較有表現，辛勤但也多勞碌，同時在情感婚姻方面起伏波折多。除非能欣賞自己的價值選擇。

陰陽是宇宙人生事物的總規律，是無外法則，陰陽宜各司其職，命名也要符合陰陽，人生也才會圓通和諧。

十六、漢字姓名的奧密

相傳「倉頡造字，鬼神驚」。漢字（正体字），字字皆有靈動力。雖說名字只是一個符號，但它無疑的如影隨形跟著人。有的名字揚名立萬，有的名字遺臭萬年，但也有同名同姓卻命運大不同的，會讓人產生疑問。

其實每一個漢字都具備象數理氣於其中，即字有其象形，發音，劃數五行，姓與名的整體結構。除此之外，還要配合當事人的出生年干支天運五行環境及生肖屬性等變項。

姓名學的派別很多，也都言之有物，但也沒有絕對，例如有些偉人或成大功的名字，或許是凶名凶數，那就無法用一般傳統姓名學來解釋。「聖人無常師，四時無常位，五行無常勝」。

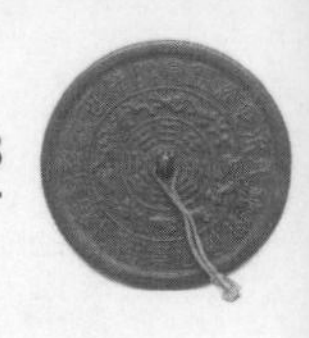

十七、姓名配乾卦六條龍

易經乾卦有六個爻，由下往上分別稱為潛龍 現龍 惕龍 躍龍 飛龍 亢龍。龍是生命力的象徵，也是表示一個人生命能量及運勢的強弱。

潛龍勿用：宜多準備 籌劃。現龍在田：貴人運佳，開始能量運勢逐漸轉強。到亢龍階段要知持盈保泰，功成身退。由自己名字也可看出目前是在那一條龍的位置上，然後知因應之道。

算法如下：

步驟一：取姓名總劃數的個位數，如總數23 33 43畫，則只取3為基準。如總數32 42畫，則取2為基準數。

步驟二：如基準數是3，後退3位是0。則逢0的歲數(30 40 50。)即行潛龍之運，逢1的歲數(31 41 51。)行現龍之運，再依序行惕龍 躍龍 飛龍 亢龍。逢到歲數5(35 45 55。)行亢龍之運。

如基準數是2，後退3位是9，逢9歲數(49 59 69)即行潛龍之運。逢到4歲數(54 64.)則運行到亢龍，接下去就宜守成。每一旬10年依此法推算。

十八、姓名學的四柱

要取個好名字也必須考慮其四柱是否適當。

1.象：漢文字是象形文字，造字都有其意義，名字最好能配合出生年天干 地支納音五行，及所屬生肖習性。

2.數：每個字的劃數要以教育部官方字典為準。例如「陳」是16劃，再以姓名的總數（總格劃數）及名字數（地格數）來取出先天卦和後天卦，依卦便可推其性格與行運。

3.理：名字的三才五格（天格人格地格總格外格）的生剋是否配合得當，便知其六親及人際關係。

4.氣：求出劃數之合數，合數的求法是將筆畫數相加而成，例如總格劃數是32劃，則3+2=5，5即是其合數，其他地格人格也類推，合數乃依後天卦序九宮之氣來論吉凶。

名字是命運的助緣之一，不妨稍費心些，賜子孫個良名。

十九、起名字的藝術

名字雖只是一種符號，但如影隨形伴人一生，還是要講究些才好。

命名法則：

首重音 義 形，音調要響亮，順口沒諧音，義要典雅內涵不落俗套，字形避免弱形文字及冷僻拗口之字，整体名字不宜頭重脚輕。

命名的派別有多種：如

1.三才五格生剋法，重三才配置。

2.81劃數吉凶法

3.12生肖姓名，以出生年干支配合生肖來起名。依據生肖的習性來選用該生肖喜用之字形，來趨吉避凶。

4.以音靈法來起名，即考慮字的發音五行。例如以喉音屬土，以唇音屬水等。

5.以出生八字的喜忌神來起名，例如八字的喜神五行為火土，則名字炳坤就有火和土的字形，或以筆畫數取屬火或土，例如23劃為火。或以八字的生剋來配三才的配置，相剋不一定不吉。

6.配合目前大運來取名，如民國93-112年大運值八運。則名字劃數能與八

運合10或15則更吉。

7.名字配合易經卦象。每一種派別在學理上都有道理，但也都有缺點盲點。要起一個好名字不能偏頗單獨那一派，所以是一門藝術，藝術是沒有絕對的。

二十、姓名犯太歲

一般的犯太歲或冲太歲是指生肖和當年的生肖相同稱為犯太歲，對宮的生肖即冲太歲。例如2019年己亥年，亥屬豬，凡是出生年屬豬的人皆稱這一年犯太歲。生肖屬蛇是冲太歲。

姓名學的犯太歲是以姓名的總劃數的個位數與拾位數相加起來看，例如姓名總數是18 27 36 45 54個位數拾位數相加起來皆為9，則2019年犯太歲。姓名總數是19 28 37 46 55的則在2020年犯太歲。依此類推。犯太歲那年運勢經常會兩極化，起伏比較大。不一定不好。若先前有努力付出經營，结善緣，注重養生，則犯太歲那年會功成名就。反之，犯太歲那年運勢會比較不順，是非多，年紀大的健康則更差。風水學的犯太歲則依24山干支與流年干支的方向而定。俗云：太歲頭上動土，無災也有禍。即太歲方不宜動土。

二十一、肖豬者取名要點

亥年生的小孩生肖屬豬，豬在12生肖排最末一位，地支為亥，亥五行為水。八字為先天命定的，大都無法選擇。名字是屬於後天可以選擇的。名字猶如一個人的外衣，穿著外衣要得體，好的名字就如同有得體衣著給人家好的觀感。自己也舒適。

取名至少要注重三大原則：

1.三才五格的五行配置要恰當。

2.總筆畫數要取吉數並配合六十甲子納音。

3.字形要選用肖豬者喜用之字，中文的字是義見於形，選字尤其特別重要。

名字雖不是萬能，但選對好的名字至少有加分作用。何況名字是如影隨形豈可不慎乎！

風水篇

一、風水藝術

未醉之人不知酒之濃，未學風水不知風水之玄。易繫辭曰：「仰則觀象於天，俯則觀法於地，…與地之宜。」地有吉氣，生氣所聚，草盛木榮。人居其間，與大地自然的和諧，身心靈都會感覺舒適。

風水四診法：陽光 空氣 水 植栽。其中陽光最重要，太陽的能源，是孕育一切生命，住宅宜選擇陽光能照射進來，客廳窗户喜用大玻璃，前面明堂要寬濶。朝南或朝西南的房子陽光比較照得到。朝東房子，早上陽光充足，紫氣東來，有朝氣活力，只是一大早就天亮亮的，宜早睡早起，不宜晚睡。朝西的房子，下午西曬躁熱，尤其夏天酷熱難熬，宜用窗簾遮擋。

若陽光照射不到的房子，或客廳窗户太小，或明堂窄又暗，或居地下室，或被四周高樓遮住陽光的房子，或長期日月顛倒生活的人，久之必屬陰氣孤虛之身，也是都違反了易經「與天地合其德，與日月合其明，與四時合其序」的原則。

二、風水不分宗教

風水學是一門環境磁場學，有玄學部份也有科學部份，只是無法完全以有形科學的辨証來論述無形玄學部份。所以經常會被認為風水是迷信，不去研究它而排斥它。

所謂「福地福人居」，福地肯定是有好風水的，福人就要看其人是否有種善因，方得善緣，自己隨順因緣或找到明師選住到好風水的房子。即是易經坤卦象曰：「厚德載物」。

風水學雖是末枝微流，不如一般顯學被重視，但它在文化長流中一直延續下來，不是簡單的信與不信的問題，也跟宗教信仰沒有關係。一如中醫，上醫者治「未病」，風水學也以治「未病」為上，能夠善用風水，才能開創平安 健康 幸福人生。

三、陽宅三要

風水學也是一種環境學，擇良宅而居，安身立命。易經云：「仰則觀象於天，俯則觀法於地，…與地之宜。」地點的選擇最重要。地點宜考慮地氣旺否。未來發展性及現在的週邊環境，交通區域功能，社區功能的方便性，其次再考慮建商信譽建物結構外觀及材質坐向。然後再看內部格局，首重是否方正，不宜狹長或扁平或不規則。

陽宅三要：門主灶

1.大門是否開對位置

2.主臥室床位擺對否

3.廚房灶位是財位配對否

以上幾點才是擇屋換居的重點。

四、天理勝於風水地理

風水學是研究人與環境互動的吉凶。易經有卜居，古人擇地之宜而居，擇鄰而居。都有其道理的。

所謂「福地福人居」，即陽宅風水的吉凶，是與其人的運勢業報德行有關而暗相吻合。行善修德厚足運勢走旺之人，就冥冥中自己自然會選到福地居所。有些人則會得到明師指點的助緣，選到吉宅。

但若福報不夠或積惡多端之人，即使想找個名師幫其擇宅，有兩種結果：

1.找不到明師，名師不等於明師，還是得不到福地。

2.即或擇到良宅而居，不久周圍環境變化，興建其他建物形成剋煞。或道路水路改道或搬來惡鄰居等來破壞。

這就是說天理是存在的。

五、房子也會生病

人老氣衰，房子老氣弱，除非平常有注重保養，還可以延長老化些。老屋太破舊最好都更重建，一般房子10年一小修，20年一大修，才能續氣延氣。廟宇也要30年一小修，60年一大修，香火才會續旺。一個城市都更速度快也會帶動經濟繁榮。

房子天花板或牆壁有漏水最不吉，除了漏水也是漏財外，濕氣重，室內容易發霉，生壁癌，也可說是房子得了皮膚病，住在房內之人易患過敏氣管問題。應及時趁早修復，不易修則換屋，不要再留戀跟房子談戀愛。

六、什麼是帝王坐向

易經說卦傳：『聖人南面而聽天下」。這句話即俗稱的坐北朝南是〈帝王坐向〉的由來。

所以古代皇宮孔廟或帝王級的大廟，大都是坐北朝南。

例如：台北孔廟（孔子是至聖先師）。

台北保安宮（主祠神是保生大帝）。坐向均為坐北朝南。

七、寺廟風水之1

寺廟的建築大都採合院建築，合院空間有留氣聚氣及禪思意境。內部天井除了採光又能創造出深遠玄妙的空間效果。建築以載道，建物的形式，是人體及思想觀念的延伸，反應其背景和屋主的人格特性，也是時空的代表。

廟宇建築處處都表現出陰陽觀念，以陰統陽以柔克剛，外武場內文場，文治天下左生（東）右殺（西）。左進右出，主從明暗等等。

龍虎堵：龍頭向中門，守望廟神入口。

虎頭回頭朝中門，守望廟神出口。

以南極仙翁或仙鶴祝父壽。

以北極仙翁或麻姑祝母壽。

竹節窗也都設計單數竹節，配數空格，陰陽和諧的觀念，並延伸意義為：高風亮節，節節高升，竹空表謙虛，人人守節操積德（台語竹節）。早期的聚落都以寺廟為中軸而延伸來建。

八、寺廟風水之2

禮經：『君子將營宮室，宗廟為先』。可見先民重視寺廟。

建寺廟需要四項的專家：風水師石匠師（泥匠）木匠師化粧師（彩繪）。

首重風水師先點地定分金。（分金差一線，富貴不相見）。

俗云：入廟看大門，入厝看菜園。未看來龍，先看水口。

寺廟建築擬人化分三段：

頭：屋頂

身：屋身

脚：台基

廟的高度要大於深度（天公大於地母）。屋頂宜前高後低，前短後長。

屋檐要凸出台基，否則為流淚水。陽廟階梯用奇數。

一般大廟均有：山門照壁風水池三川殿（前殿）主殿後殿護殿左鐘樓右鼓樓。

三川殿前的龍柱代表尊貴，龍坐鎮寶地吉穴之意。

左有龍堵（雲從龍）右有虎堵（風從虎）。

三川殿屋脊的主樑繪太極八卦（後天八卦或洛書）。

主殿屋脊上繪先天八卦或河圖。

中庭：四水歸垣，水繞堂垣，

主聚氣，子秀孫賢。

照壁作用於團结不離散。

空間等级之分為：大殿後殿前殿配殿。

内尊外卑左尊右卑近尊遠卑。

風水的五行：土方火锐木直水曲金圓。

廟宇的裝飾物是對事物付予更多意義：例如

龍：代表變化及生命力

鳳：治亂

龜：長壽

麟：仁慈

蝠：福

鹿：祿
魚纹：有餘
結紋：吉利
回紋：不絕
雷紋：滋潤萬物
盤長纹：長久不斷
方紋：方勝利
六角：長壽
八卦：避邪

有了基本認識，參觀廟宇可多流覽一下。

九、風水順口溜：

功夫有沒有，進門知八九。
宅四兩，門千金。
千金買屋，萬金買鄰。
開門見鏡，財氣難進。
開門見灶，錢財多耗。
門多散氣，路歧宅弱。
前後相通，人財兩空。
宅屋多窗，必退田莊。
床頭空，情緣空，財也空。
天花板太低，被人欺。
前高後低，一世被欺。
前窄後寬，世代為官。
宅小氣不聚，宅大氣散難聚。

山旺人丁，水旺財。

想要富，先造路。

風吹骨寒，家敗丁稀。

水聚處即氣聚處。

水動處即氣動處。

水清出文人，水濁出粗人。

玉帶環腰，財星高照。

格局正，得人疼。（台語）

寧青龍高，勿白虎亂抬頭。

怨人者窮，怨天者無志。

十、建築可看人民習性

傳統的中式建築大都是方方正正或三合院或四合院，家族凝聚力大，人們也較保守重禮制。西式建築形式則多樣式或奇特造形，崇尚個人主義自由思想。從建築形式可看出當地人民的習性，及民族性。

現代的建築標新立異奇形怪狀都有，所以產生了多元化的社會。光怪陸離現象也多。

依陽宅風水學，建築體還是以穩重方正為原則，再去求些變化。社會才會比較和諧。

十一、玻璃屋的風水

現在很多新蓋的房子喜歡用大量大片低抬面的玻璃。甚至隔間牆也用玻璃。在陽宅風水而言，玻璃五行屬金，金多主孤剋冷寂爭端洩氣，不易聚氣。或是窗户太多太大等都容易造成互相批評争吵，開支大，子女不聽話。如是，則要懂得化解。人造房子，房子會影響人。擇居購宅都宜慎之。

十二、怪氣味也是一煞

居家風水學的宅內氣味也會影響家運的運勢。入宅聞到香氣一股暖和舒適之氣，興旺可期。若入宅迎來穢氣 臭氣 怪味，易生邪病 破耗。居家易產生負能量穢氣的地方，是廁所厨房貯藏室鞋櫃等。趁年前的大掃除，將居家打掃營造成芝蘭之室。迎接財神爺到來。

十三、明廳暗房

居家風水，室內配置都喜歡〈明廳暗房〉，有助於人際關係，家庭向心力及貴人運。即客廳要明亮，要大於主臥室，要整潔，天花板不宜太低，簾窗壁纸不宜暗沈，傢俱不宜雜擠。

若主卧室大於客廳或卧室內又有其他房相通或太多太大的窗户，則不聚氣，氣散冷寂，易自私情散，家人各自為政，易有外遇機會 爛桃花 人際差。

室雅何需大，宅太大，則宅氣勝人氣，不吉也。

十四、選好宅必備條件：

1.陽光日照權，陽氣足身心健康。
2.空氣動線流通，有呼吸的房子。
3.河水湖潭及道路（虛水）流向。
4.室內外植栽淨化空氣品質。

十五、易招小三小王之宅

除了飽暖思淫慾，八字命帶桃花紅艷煞，夫妻宮双妻双夫命格者易婚姻出軌外，陽宅風水格局也會影響人們的慾念，招來偶遇外遇。

1.廁所近大門，穢氣沖門而來，最易招來爛桃花，或糊塗破財，糗事外洩。
2.從大門可直接看到馬桶或廁所門。宜做屏風阻隔。
3.臥房內另有他房，即有房中房的格局，易有二心。
4.臥房太大或窗户三面或落地窗外有陽台，氣散夫妻情淡。易有他心。

5.客廳居中，房間在兩邊，坐向不明，情意不相投，夫妻子女皆不同心，各自為政，各自發展。家庭凝聚力不足。

6.房子不方正，成L形或鋸齒狀，尤其缺西北角或缺西南角，夫妻易往外發展。在家待不住。

7.房子外面看到桃花水（必須羅盤測量）。

8.家中擺飾物或掛畫是裸體淫蕩物，易非非之想。若命中有妾命而不娶，是為行善。發乎情止乎禮。

十六、催桃花婚嫁之法

1.在本命桃花位或流年桃花位擺放紅色香花或香水

生肖或流年：

馬虎狗者在東

猴鼠龍在西

蛇雞牛在南

豬兔羊在北

2. 臥室不宜在西北位或西南位。除非流年是喜慶位。

3. 可睡和室，床頭易枕到吉位。

4. 多選用紅色或暖色系列，例口紅領帶等。

5. 穿新鞋換髮型。

6. 多曬太陽爬山户外活動增强陽氣祛除孤虛之氣。

7. 臥室保持整潔勿雜亂。

8. 床單窗簾勿用冷色系。

9. 多沾他人的喜氣，例婚宴新居入厝宴，升遷宴。

10. 在浴室内多照鏡子，增强自信心。

十七、續氣 延氣

人老了氣衰，房子老了氣弱。即使剛强神勇的人也無法改變自然的發展循環規律。人們身體的老化僅可透過平常注重養生之道來延缓老化而已。

易經第十七卦〈隨〉卦象曰：君子以嚮晦入宴息。即是說生活起居作息要隨自然規律，日出而作，日沒而息。

人有人運，宅亦有宅運，房子老了氣也弱了，除非再整修也可延長老化。一般而言，廟宇 30 年一小修，60 年一大修。住宅 10 年一小修，20 年一大修就可續氣延氣，延缓老化。

十八、什麼人適合養寵物

狗：適宜生肖為屬馬，虎與狗及肖兔者。忌生肖龍 雞。

猫：適宜肖馬狗。不宜肖猴蛇。

鼠：適宜肖龍 猴 鼠不宜肖馬 羊。

鳥：適宜肖雞 蛇 牛 龍不宜肖狗 兔。

狗五行屬土，不宜用金屬屋，土洩金不利，也不適合養在前陽台，宜放西北戌之本位。

貓宜放養在東北位。

鳥宜放養在南方或前方。

鼠及烏龜養在北方或後面。

不適合養寵物之人若堅持要養，也許是前世緣之債。

一般養狗不宜兩隻(兩口犬為哭字及獄字)三隻狗為猋字。

若居家空間不大。建議不養寵物為宜，房子主要是要給人住的。

十九、桃花位在那?

桃花位可以摧化桃花姻緣及增進人緣。

桃花位有三種:

1. 依本命生肖而定
2. 依陽宅坐向而定
3. 依流年不同的桃花位。

茲依生肖的桃花位如下：

屬猴鼠龍在西邊位

屬蛇雞牛在南邊位

屬虎馬狗在東邊位

屬豬兔羊在北邊位

可在房子的個人桃花位擺放插有鮮花的美麗花瓶。

花，可選繡球花蘭花（红或紫色）百合花火鶴花桃花玫瑰花（要去除尖刺）。

或在桃花位掛花卉圖 鴛鴦戲水圖。

另外：床鋪可放双枕頭。

床頭要靠牆忌空對窗。

床單忌用冷色系。

早睡早起曬點太陽。

穿著亮麗多參加活動。

房子的東南位忌缺角。

生命的傳承，男大當婚，女大當嫁，好姻緣要自己去追求。

二十、植物也有陰陽

陽宅風水五大要：地點、陽光、空氣、水、植栽。

植栽在風水上有加減分的效果，要在庭院或陽台種植物宜選陽木勿選陰木來種。

屬於陽木的植物有：松櫸樟楠檜楓槭柚柑桔丹桂 觀音竹 桂花 芙蓉花 蘭花等。

屬於陰木的植物：夜來香 玉蘭花 曇花 楊柳 榕樹 夾竹桃 香蕉 木瓜 楊桃 桑樹芒果 蔓藤類等。

另外：樹木枯病或樹幹中空，樹形怪異彎曲结瘤，樹木的枝葉遮到屋頂，樹枝葉全部往外或全部往內偏斜皆不吉，庭中也不宜種大樹，前陽台植栽不宜太高遮住視線而阻氣。宅之白虎邊的樹木也不宜太高大過於龍邊。

樹木不宜用磚塊圍成四方形呈現「困」字象。宅前朱雀方宜見紅花配綠葉，化煞兼喜氣。

二十一、吉祥花果

新年討吉利，在飲食方面可吃些喜慶水果：

蘿蔔（菜頭）：代表好彩頭

鳳梨（旺來）：好運旺旺來

棗子：早開運早生貴子

柑桔：大吉招吉

石榴：多子多孫

蘋果：平平安安

或擺放吉祥植物

百合花：夫妻好合

水仙花：除穢納福招瑞氣

開運竹（萬年青）：新官開運

銀柳（貓柳）：銀兩多多

芙蓉花：旺夫運

牡丹花：富貴功名

蓮花（連發）：好運連連

二十二、不信也是迷信

陰陽是無外法則，是宇宙人生的共象，也是自然的總規律。如陰靜陽動，動靜變化使萬物繁衍。陰暗陽明，明暗交互作用為天地的法則。質為陰為具体事物看得見，氣與看不見的抽象事物為陽。還有諸如一往一來，正作用力與反作用力，表裏虛實寒熱剛柔成敗等等，無不是陰陽對待的觀念。

有世間法就有出世間法，有已知事物也有未知事物，有看得見的東西也有看不見的東西，不能說看不見的東西就不存在。有理學也有玄學，風水命理占卜是屬於玄學，有些人不尊重專業或堅持某種信仰，也不去研究，只相信（迷信）自己的認知，而不信風水占卜等玄學。事實上，要以有形的科學數據來驗証無形的事物，本來就不可能的。它們本來就屬於不同的範疇領域。盲目的相信和完全不信都是迷信。無知也是罪過。

二十三、迎氣 納氣 聚氣

風水學主要强調人與環境的協調。也可説是環境學的一環。是玄學也是科學的實用的合理的。

氣：是指天時流動的氣，周流於六虛，發於萬物。

地善則苗木茂盛，宅吉則人興隆。要安居樂業，首先要選對吉宅。居家環境是首要考慮為主。室內配置大小也不可忽視。

例如：宅大人少，宅氣勝過人氣，宅氣會消耗人的能量，吸走人的能量。陰勝陽，陽氣不旺則不吉。臥室太大也是耗能量不聚氣子嗣少。但房子太小則逼人，留不住氣也不吉。

太極陰陽觀念，陰陽要和諧平衡。房子與房間大小要適中。若能再配合天運流動之旺氣。居家做到迎氣 納氣 聚氣，自然順遂。

二十四、玄關風水之1

進入宅內首先映入眼簾即是玄關，它是房子的納氣口，攸關一家人的貴人運財運人際關係以及家人和諧與否。

1.玄關宜明亮清淨及加強燈光照明。燈飾勿用三角形或多角形或白色蜡燭型。

2.天花板勿太低，會有壓迫感，心情不開朗，事業拓展不易，貴人運也弱。

3.大門宜有門檻，才能守住財氣。門墊宜置於門外，來阻絕穢氣，也要常清理門墊。

4.鞋櫃宜有門，不宜用開放型，鞋櫃也不宜高過肩膀。鞋尖向內或朝上。鞋子不宜放外面雜亂無章。

5.玄關不宜有鏡子對冲大門，不聚財也影響健康。

6.玄關可放置一些鮮花蘭花及賞綠盆景，或吉祥飾物。

7.在玄關處不宜見到廁所及臥床。如犯之宜遮掩之。

8.玄關處可掛牡丹畫或一些吉祥畫，增強和諧的氣場。

9.大門宜開在房子的吉位則更能招來好運。

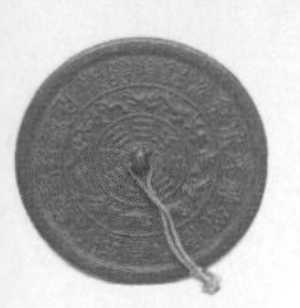

二十五、玄關風水之2

玄關也是一家的門面，如配置得宜，除了回到家會感覺身心的放鬆及給客人良好的第一印象。有些小细節還是要注意避免。

1.玄關不宜太侷促窄小，如設有屏風不可太靠近大門。會形成阻氣。

2.大門不宜被樑壓到，尤其樑與大門呈直角十字形大不吉。

3.玄關地板圖案不宜有多邊尖形或三角形沖射大門，或虎獅鷹猛獸禽圖案，宜吉祥悅目圖案。

4.玄關的天花板不宜裝玻璃鏡子，是為顛倒乾坤。

5.大門後面不宜掛東掛西，對門神不敬。

6.玄關適宜擺放圓形大花盒或圓形聚寶盆，迎氣轉氣入宅內。

7.玄關地毯宜用紅色或依卦位及流年來換色。最好大門內外各放一個。

8.玄關内放置一把全新红色不打開的雨傘。可為化煞之用。

9.若大門破損或門鎖鬆搖宜立即換新，否則容易影響家人的和諧

二十六、求道在山，求財在水

風水學言：「氣乘風則散，界水則止」。「得水為上，藏風次之」。一般都認為水主財，因水能化氣轉氣。但水能載舟也能覆舟。即如運用水法得當，的確可以發揮加吉減凶的效果，反之，則加凶減吉。陽宅風水要看宅外水與宅內水。

1.宅外水最忌見到「反弓水」「直射水」「割脚水」，「砂飛水」「死水塘」「淋頭水」「桃花水」。

2.宅外水宜見「活龍水」，「環帶水」「繞堂水」水口隱而不現。

3.明堂水忌見「双塘水」「連塘水」及双水出明堂。

4.宅內擺放魚缸水車石來運轉之水不宜放在房子中間。

5.宅內水如放對位置才能化煞氣轉為吉氣，要依大運之零神水旺衰氣來放置，才能達到加吉減凶的效果。

6.宅內水如放錯位置反而是加凶減吉，不得不慎重。

二十七、千年暗室一燈即破

智慧一開，頓悟如明灯一亮，是何其妙有。是求道者追求的目標。

灯光有驅暗之功，陽宅風水需要亮，太暗則多陰氣，邪氣病氣便易到來。

1.日照權：屋宅至少要有一面或两面能够被太陽照得到。陽光不來，疾病就到來。

2.客廳要明亮，貴人旺，心情佳。

3.室内灯光宜柔和，少用晝光色灯炮。

4.地下室陰暗氣滞不宜當臥室起居。

5.庭院或宅内若走道迴廊太多，曲折路歧，幽暗多陰氣。庭院深深不祥。

6.大門離電梯太遠，財神難到來。

7.房間若四面都沒窗户，如囚字，睡臥其中，易憂鬱怪異。

8.玄關是入門處，最宜明亮不宜狹窄。

9.天花板及牆壁顏色勿太暗色，天清地濁是也。

10.室内灯光設計的美學原則，儘量做到見光不見灯。

二十八、室雅何須大，花香不在多

清朝雍正的養心齋也只有10平方米。臥室是養精蓄銳補充体力休養生息的加油驛站。臥室風水攸關重要：

1.臥室太大，吸走人氣，耗神耗氣，夫妻感情容易冷卻，也容易失眠。

2.臥室宜緊實適中，才能藏風聚氣，也具私密性。

3.臥室門不宜用双扇門。

4.臥室不宜在騎樓或車庫車道上方，氣混雜不穩定。

5.臥床不宜在神位或炉灶上方。

6.大門不宜看到臥床，易口角是非桃花。

7.臥床不宜正對鏡子，衣橱不宜用玻璃門片。

8.廁所門不宜冲臥床，對健康不利。

9.臥床不宜在樑下，影響睡眠品質及健康。

10.床頭忌空，會影響情緣及財運。

二十九、團圓飯話餐廳風水

美食也要配合環境，現在餐廳有時也是多功能用途，除了用餐外也做喝茶聊天等之用。風水講究幾項如下：

1.木質餐桌穩固温和，比較有親和性，及環保自然氣息的親近感。

2.圓形或橢圓形桌，安全無尖角，聚攏人氣多親密感，及圓满祥和之象。人少用圓桌較合適。人多用轉動圓盤或用長方桌。但不宜阻礙空間。

3.椅子用双數，桌子顏色宜中性色或木質原色或咖啡色穩重，忌用太鮮艷色（喧賓奪主讓食物失色）。

4.餐桌椅忌破損宜速換掉。也不宜正對大門後門厠門，可用屏風擋之。

5.餐桌不宜在廁所下方（食不知味，五味雜陳）。也不宜在樑下方（生活壓力大）。

6.餐燈以吊燈為佳，但忌用白光燭形吊燈。嵌燈亦可，但勿對照頭部。燈光用柔和色或可調光。（情绪佳有利感情交流）。

三十、門當户對

一般人都認為門當户對的婚配比較和諧。至於居家陽宅風水也認同自家大門與鄰居的大門宜相當，相處才會比較和諧。相對兩家的大門宜注意：

1.兩家大門一大一小。則大門小者的氣勢較弱。

2.兩家大門一新一舊，則舊大門這家運勢較弱。

3.兩家大門一華麗一簡陋，則簡陋這家運勢難開。財氣被對方搶走。

4.兩家大門宜對整齊，不宜錯開，形成互咬門（一開門即互相看到對方的門柱。）

5.自家大門不宜對著官府門 廟門 祠堂 倉庫門 車道口 電梯 柱子 壁刀 枯樹 巨石及他人之抽油機等，煞氣重。

6.住宅大門不宜是拱形門，壓力大。但廟宇 公園無妨。

7.大門大小及高度宜配合門公尺之吉字。

8.大門宜設有門檻，才可守住財氣。

9.大門大小宜配合房子大小，不宜太大也不宜太窄小。

10.大門宜依陽宅之坐向設在適當卦位上，方能吉祥。

三十一、心理風水

有些風水師常常叫人掛擺放一些風水飾物，例如：五帝錢八卦鏡凸鏡凹鏡山海鎮聚寶瓶水晶蟾蜍、咒輪、龍銀、錢幣、五色、五行塔、七星陣石、或穿戴七色線，特製內衣褲襪子皮包皮夾等等不勝枚舉。說是可以改變磁場，開運改運。

嚴格說來是捨本逐末，這不是正統風水學。只是心理感覺，聊以安慰罷了。

三十二、求道在山，求財在水

風水學云：「得水為上，藏風次之」。水深民富，水淺民困，水濁民凶，水散民散，水聚民聚，水臭氣敗，水髒多貪官。水源即財源，水能載舟亦能覆舟。水形宜彎曲是為有情水，水流宜緩不宜急。水質佳就會帶來財富。凡是大都市都和有美麗的河水或海灣港口或湖泊有關連。例如香港紐約巴黎上海等。〈財進來，貨出去，發大財〉

高雄市有愛河及海港優越的條件。若是會經營管理定能再創經濟高峯。台北市也有基隆河和淡水河雙水匯聚，兩山夾兩水，山水配合的優越條件。但若是主政者不得其人，治水無方則成也水，敗也水。

三十三、陽台風水

前後陽台是房子的伸展空間，也是呼吸彈性空間，可以調節光線與空氣，風水學稱為小明堂。房子宜有前後陽台不宜無。

前陽台攸關事業前途及貴人運。

後陽台攸關子女賢愚及財庫聚散。

陽台風水注意事項：

1. 宜方正寬大明淨。
2. 前陽台為朱雀方（心靈風水視為離卦），宜種些红花绿葉來陪襯。
3. 前陽台植栽不宜太高大茂密遮住視線。
4. 前陽台不宜種攀藤蔓生植物如天羅地網籠中鳥，易是非官司自閉。
5. 前陽台出水口宜在右邊也不宜積水。水龍頭不宜左右各一似流鼻涕。
6. 前陽台地面不宜高於客廳
7. 前陽台不宜是玻璃牆欄杆圍牆，形成穿堂煞。
8. 陽台不宜尖斜三角形。
9. 前陽台不宜放狗屋。
10. 後陽台不宜雜亂堆積雜物，地面不宜低下。

三十四、地靈人傑

風水的起源，係古聖人取諸易經的「大過卦」。而後注重地之宜，又考慮山川形勢及吉凶方位。凡陽宅住家及城鎮的興衰演變，國運的發展等皆和風水有關。唐宋明時期名家輩出，但對「理氣」部分見解紛歧。各派皆有所長，惟以待時日來驗証。

風水六大要：

1. 龍：依山勢定五行龍或平陽龍。
2. 穴：有真穴假穴大小之穴，用途不同。
3. 砂：左右龍虎護砂之強弱優劣。
4. 水：水之流向，順水局或逆水局，及先後天之水法。
5. 向：立向配合案山水局及仙命。
6. 日：擇吉日吉時。

三十五、神仙也怕腦後風

安神位宜注意事項：

1.背後一定要有牆壁靠，最忌後面有窗戶，邪風從後吹來。

2.神位後方及上下層樓的位置，不宜樓梯 廚房 夫妻房 廁所及馬達機器躁音。

3.神位不宜傾斜放置，宜擺得正，安置得宜，家庭和順。

4.神位忌被樑壓或對沖到魚缸 鏡子 酒櫥 電視 水塔 壁刀牆角 路沖 電線桿等。

5.神為元神，需要自然光源，勿關在暗室（暗堂煞）。

6.神前明堂不宜太窄近逼（面壁思過）。

7.神爐高度不宜高過神像肚臍，擋到腹部，有志難伸。

8.神像尊數，單數為宜，但不宜太多尊，靈氣會混雜。

9.神位及祖先牌位的坐向，最忌與房子坐向相反，即陰陽反背，不利家運財運。

10.神像如破損裂開，宜儘速修補或更換。

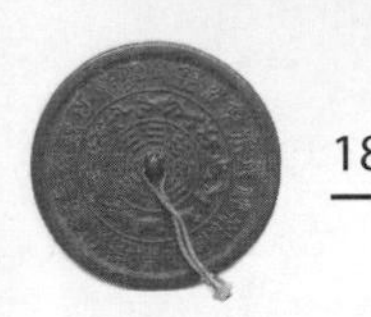

三十六、糊塗破財的風水

糊塗破財是指明知不可為而為，或一時貪念或心太軟而糊里糊塗破財。常見到居家風水有犯到以下幾點現象：

1.大門可見到廁所，或廁所在大門旁。穢氣迎頭而來，易判斷錯誤。

2.大門見爐灶，廚房是財庫，柴火（財）外露。

3.前門通後門（穿堂煞），氣宜曲宜聚忌直又急，否則財易流失。

4.玻璃窗戶太多太大，氣散洩氣，不聚財也易緊張。

5.床頭空，床頭後沒靠，或是窗户，或沒床頭板。枕空財空情也空（流失）。

6.犯動土煞，宅內修造沒擇日即隨便敲打，吉凶悔吝生乎動。

7.宅外周遭有建案興工中，若是在宅的太歲方及凶方，當時也易破財。

8.愛動怒發脾氣者，火燒功德林，易損福報。

三十七、風水飾物 - 心理風水

陽宅風水是注重屋宅周圍的環境，房子形象及內部格局配置。風水飾物只是配角，或許也可說是心理風水，感覺愉快，怡情養性罷了，不必太迷信其對風水加分多少的功效。比如擺放元寶（財富），龍（尊貴），豬（圓滿財富），公雞（振奮），羊（剛毅），龜（長壽），水晶（避邪聚財），琥珀寶石（養身安神），玉（佑平安），中國結（吉祥），竹笛（節節高升），洞簫（化煞），葫蘆，文昌塔（利考試文房四寶，聚寶盆。或是一些畫，如八駿圖，九魚圖，百鶴朝陽，日出圖，牡丹花畫，三羊圖，鳳凰圖，五蝠畫，喜鵲圖，梅蘭竹菊畫，心經字畫。以及認為掛了一些各種化煞物就可以避煞，其實是捨本逐末。擺放飾物倒是要注意其來歷，如古玉 古董 古錢等，避免有陰穢之氣。

三十八、階梯

奇數為陽，偶數為陰，一般在設計陽宅或陽廟的階梯數都是奇數。除此之外，樓梯及梯階規劃也有幾點需要注意。

1. 大門前梯階不宜太陡峭太高太多階。
2. 梯階不宜過寬或過窄，太寬則散氣，太窄缺乏貴人。
3. 梯在大樑下，壓力大，受制於人。
4. 樓梯不宜高低交錯不同。
5. 房內不宜設計旋轉圓形梯。
6. 樓梯不宜設在宅中央。
7. 樓梯不宜超過三彎折以上，波折多。
8. 樓梯間光線不宜太陰暗。
9. 宅內梯不宜正對大門。
10. 室內樓梯及電梯不宜設在乾卦或坤卦的位置。

三十九、屋正得人疼

天圓地方，方主靜，圓主動。選購房子要先看建物的形狀，以方形為佳。但不宜圓形屋，八卦形屋，狹而深長之屋，橫扁形之屋，矩齒狀屋，L形缺大角之屋，凹形屋，凸形屋，多角形屋，三角形屋，前寬後窄屋，偏斜屋，樑柱外露屋，樑柱傾斜屋，扇形屋，蝴蝶形屋，尖塔形屋，回字形屋，前高後低的大樓，屋頂前長後面超短或前短後面超長者，前後寬中間狹窄廋腰形的房子，平面呈十字形之建築，上層寬下層窄之宅，屋頂如碗之形狀者，建物立面形狀如碑者，大樓建物中間有一二層特突出者，孤峯獨高大樓，獨棟屋，無向屋，亡字屋，分水屋等皆要慎重考慮。

四十、財位風水

一般稱大門對角線位置的財位，是象徵意義，屬於心理風水的財位。

風水學的財位，主要有二，一在廚房，另一財位是依房子的坐向而定。

陽宅三要：大門 主卧 爐灶，所以傳統風水認為廚房是柴火生財之處，與健康有關，健康也等於財富。

廚房安灶宜注意幾項：

1. 安灶忌灶口冲大門 房門 厠門 神位。
2. 灶忌安在外陽台。
3. 同住一家人忌安兩座灶。
4. 灶位上下層忌床位 神位 厠所。
5. 灶下忌有水溝穿流。
6. 厨灶忌在房子中宮。
7. 忌樑壓灶台，宜天花板包覆解之。
8. 爐灶忌與宅向相同。
9. 灶宜安宅後，忌安宅前。
10. 灶口忌正對冰箱門。

四十一、住宅環境

住宅鄰近周圍生態環境若太差，磁場就不協調，居之則不會順暢和諧，或多或少影響家運及身心靈的不順。例如一些煞氣。聲煞：鐵道 機場 航道，消防局車進出，施工中的工地，廟會慶典時做法會時，表演場所群衆造勢或抗爭等氣場的聚散無常。

氣煞：地下室或餐廳排風管，焚化場，臭水溝，化工廠不當排氣 加油站汽油味，垃圾場臭味，菜市場五味雜陳及叫賣聲，拖吊場及大型車輛或巴士停車場的車子進出發動。

光煞：玻璃帷幕的反射，風水鏡凹凸鏡的反射，西曬面太大無遮。

陰煞：墳場 殯儀館 醫院等附近，面對空屋或破舊廢墟。

官門煞：面對政府機關 警察局 法院等。

俗云：「千金買屋，萬金買鄰」，居宅擇址，也要考慮周圍環境。

四十二、房形忌凹凸

房形不宜有缺角或凸角，若有缺凸，則有損該卦位的意象，依其卦位剋應在人事上如下。

西北位：男主人 老人 長輩 貴人 人際關係 遠行。

西南位：女主人 母親 婚姻 夫妻感情 桃花。

正西位：少女 晚輩 朋友。

正南位：名譽 文書 聲望。

正東位：長男 家庭 健康。

正北位：事業 財庫 根基。

東南位：人緣 智慧 長女。

東北位：少男 學識 修養。

另外，前方缺角不利事業發展，後面缺角不利子息及文書功名財庫。

四十三、老屋續氣

人老了氣會衰，房子老了氣會退又弱，人平時要多注意養生保養，就可延缓老化。同理，房子隔一段時間也要除舊佈新，整修一下，讓宅氣不要沒有生氣，才不會不利於居住其內的人。

至於廟宇都要30年一小修，60年一大修。香火才會旺旺續連。我們住家住久了，當然也需要修它一下。

一般而言，新房子的氣較旺，但由於高房價，在不易購買新屋，除非相當破舊的房子除外，不妨將老屋重新拉皮整修，也可以再化氣續氣搶氣。但修造時間也要選對，才能發揮作用。

可以依照風水學流年宅運，來修造粉刷房子，及清掃丟棄破損雜物，加強玄關 客廳 走廊燈光，並添置些吉祥飾物 圖畫，在適宜位置擺放盆栽 红色花卉來迎氣，在旺氣位播放音樂或點燒上等檀香。都可以有好的效果。

四十四、宅相

居家風水在五術（山醫命相卜）中，屬於〈相〉的一部分，即看房子的形象運勢。

相宅要先看宅外形象（外格局），再看內格局的配置。內外格局的形勢及配置，影響人們的事業 健康 家庭 感情的運氣至鉅。好的陽宅可作為我們的〈助緣〉，若陽宅的流年吉，再配上個人的八字行運也佳，則運勢必大大亨通。反之陽宅凶，剋應流年一到，災咎必現。自然界似乎有一股力量在主宰我們的運勢，陽宅風水還是有其道理的。

陽宅學的派別主要有九星派 三元派 三合派，其他如奇遁 斗數 八字 五音 通靈 望氣等派別。但彼此之間也會互相矛盾。所謂「福地福人居」，即有德行之人，自然會找到「明師」或因緣具足挑到好的陽宅。建議選擇房子首先要避開宅外環境的形煞，若內部格局的配置有缺失，宜在裝璜前就要先調整，才是明智作為。

四十五、陽宅風水順口溜

1.「屋大不藏風，財散人丁空」。因房子太大，人口稀少則宅氣勝過人氣，開支亦大。

2.「屋小賺錢存不了」。房子太小不易留住氣，也不聚氣。

3.「宅前路反弓，希望總落空」。房子位於馬路的反弓處，做事常徒勞無功。

4.「屋後無靠，貴人少到」。房子後面宜有其他建物做靠山，無靠之宅，氣易散。

5.「廳門有穿心樑，家中常不祥」。大門不宜被大樑90度垂直壓住。

6.「前後相通，人財兩空」。前門不宜與後門成一直線，形成穿堂煞。

7.「前高後低，一世被欺」。房屋低於前面馬路，或房子內前高後低，易仰人鼻息。

8.「床頭空，情緣空，財也空」。床頭宜有靠，不宜懸空或窗戶，易耗元神，也會影響睡眠品質。

風水是信仰，非迷信，居家重視風水總有幫助，住對房子，就會幸福一輩子。

四十六、室雅何須大，花香不在多

房子大小適度就好，房子大除了保養不易，開支也多。若宅大人稀，空間會顯得空蕩，房間數又多而閒置，則宅氣勝過人氣（陽氣不足）房大反而吸走人氣，使人耗神耗氣易睡不好或失眠。風水之氣淡散，則情轉淡，家庭凝聚力薄弱，易各為政，而聚少離多。

居家要營造出有情環境，不宜寂寥 空蕩 沈悶 窄逼，氣要聚也要會動，內部的裝修風格是反應主人的性格特點，事物的擺置也顯出內在價值與靈魂。居住在良好的磁場 氣場 質感的房子，身心靈感覺舒適就會催化人体好的基因活動。

四十七、小型住宅風水

由於少子化及房價高，為了求低總價，於是現代小型住宅越來越多，建商與建築師為了追求更大利潤，及方便設計，往往不考慮到風水，房子設計上就存在著很多問題。

居住在20坪以下的住宅大都易侷促不安，即不舒適也不實用，或陰暗陽光不足。內部格局容易犯到風水的禁忌，如一進門可看見廁所 廚房 臥床，或前門通後門 窗户（穿堂煞），或進門先見客廳接著臥室，明房暗廳（暗堂煞），或有缺口斜角等的設計。等到住進去感覺不舒適時，才想到請個風水師來看看。如果建築師一開始設計就能下點功夫，考慮到風水，便也是造功德。

四十八、陽宅風水派別

現今常用的派別大致有三，1.三元派始於明朝，以蔣大鴻為主，專主宅內外之納氣。2.九星派的歷史久遠，自古名墳多出自這派，當今較多人用。3.玄空派，始自清朝章仲山。其他式微少用的周書八宅法，子平式陽宅法，五音宅法，紫微斗數宅法等等。

玄空宅法比較複雜些，是以當運之星入中立極，例如當今是八運，便以八運立極入中宮，然後飛佈九宮，再依所立宅之山與向之飛星分別再立極，陽順陰逆飛佈九宮，若飛得的運星到山到向則為大吉。但要有真山真水方可論吉，若無山無水，則落入空亡或坐山有水，向口有山，則無吉反為大凶。

四十九、風水四獸（神）觀

風水學注重形象大於理氣，依四神獸代表四個方位。

1.宅前面稱朱雀方（前廣場明堂），宜寬敞明亮潔淨，不宜凹凸不平逼窄懸崖旁，也不宜空曠無際要有案山。

2.宅後面稱為玄武方（主山）即靠山，宜高於前面的案山，但也不宜太高而近宅或太低矮塌陷，或沒有靠山坐空朝滿。

3.宅之左方稱青龍方，左方的山勢宜長或迴到前面明堂，方能藏風聚氣，但不宜高過靠山（背之主山）。

4.宅之右方稱白虎方，右邊的山勢或房子不宜高過左方，即白虎抬頭，更不宜繞到房子的前面，為白虎穿堂更凶。

簡言之，好的房子宜明堂開闊，後面要有靠，左右兩邊搭配得宜，即為四神齊全，家道就會興旺。

命理哲學篇

一、淺談紫微斗數論命之1

紫微斗數分六组（12個宮位）論命。

1.命宮與遷移宮

2.兄弟宮與朋友宮

3.夫妻與事業宮

4.子女與田宅宮

5.財帛與福德宮

6.疾厄與父母宮

命宮最重要，命宮格局主導一生吉凶。命宮星曜强，抗壓力大。逢大運差才不會被擊倒，頂多施展受限有挫折感。命宮星曜多，思慮多，個性難理解。若命宮不佳，逢大運暴發也會再打回原點。

命宮與遷移宮這一组有化忌星者，最好要保意外險。

論命要則：

看三方四正的组合論格局。

看太陽星與太陰星的强弱。

看身宮落在何宮位（命身同宮以福德為身宮）。

看兩禄（化祿星及祿存星）一忌（化忌星）落何宮位是為一生之重點工作。

二、淺談紫微斗數論命之2

1. 命宮的三方四正是論格局，殺破狼格局一生變動較大。
2. 大運的三方四正是論運程，會吉星多則得意順逐。
3. 三合宮是為論吉凶的要點。
4. 星曜之吉凶隨四化而變化，四化星是凸顯活化現象。
5. 星曜亮度旺弱定吉凶程度。
6. 化忌星會冲煞到它的對宮影響程度更厲害。

7.化忌星是一生難逃的業障。

8.四煞星（羊陀火鈴）是各咎但主星旺則可制煞為用。

9.空劫是吉處藏凶，半天折翅，空劫星夾命宮要自立自强，行運逢空劫宜守不宜衝。

10.男命重命宮事業宮財帛宮。

11.女命重命 夫妻 福德宮。

由於「天開於子，地闢於丑，人建於寅」所以立春的節氣是寅月（正月）開始。算八字皆要依節氣來排四柱。

但算紫微斗數則不節氣過宮，而是依農曆正月1日起算，因立論架構不同，生肖姓名學亦同紫微斗數的算法。

三、奇門遁甲之1

奇門遁甲是為「卜」的五術之一，注重「動態」的方位學，以當事人「我」為中心，而有主客之分。應用「時盤」來選吉時辨別吉位之占驗學。

奇：乙丙丁。是為三奇

門：是指 開門 休門 生門 傷門 杜門 景門 死門 驚門八個門，八個吉凶方位。

遁甲：甲為天尊隱藏不現。

奇門遁甲有兩種：

1.法奇門：如在電影上所看到的假表演。以及道家所用於開悟後精神力量的潛能。在纪曉嵐「閱微草堂筆記」中的記載法奇門已失傳。

2.數奇門：是屬於計量的，事前算出主客能量波的强弱。應用於日常生活如面談考試謁貴洽談生意業務拓展比賽等等會有幫助。但無法應用於現代立體戰爭。

如本身能力强，若再配合奇門遁甲的時空應用，就能遂心如願。

四、奇門遁甲之2

奇門遁甲在五術（山醫命卜相）被歸於卜，一般人在電影上看到的奇門遁甲是屬於法奇門，但根據清朝紀曉嵐在閱微草堂筆記的記載，法奇門失傳了，也許禮失求諸野，在民間也許還有會的，類似矛山術之類。其實奇門遁甲分四大家：年家月家日家時家，年月日盤大都用在風水學，日常生活（選吉辦位）以時盤為主。如能靈活運用三奇八門，選對時間辨別吉方，做事將會事半功倍。

奇門遁甲屬於五術「卜」之學。主要應用在選吉及占驗。分上中下三盤。

上盤九星象天，占吉凶。

中盤八門象人，占出行。

下盤九宮象地，占遷移。

奇門遁甲有六大符號要認識：

1.八卦：用後天八卦。

2.奇儀：三奇：日月星奇。六儀：戊己庚辛壬癸。

3.八門：開休生傷杜景死驚等八門。

4.九星：蓬任冲輔英芮柱心禽等九星。

5.八神：符蛇陰合陳雀地天等八神。

6.九宮：一白二黑三碧四綠五黃六白七赤八白九紫。

奇門遁甲有年月日時四種排盤，時盤每五天(60個時辰)為一排盤。時盤大都可應用在日常生活上。諸如：謁貴 謀事 求職 面試 應酬 約會求婚 遠行 球賽等等。

五、屈原占卦

相傳古代忠臣屈原屢諫楚王不被接受，於是自己占了一卦，是井卦的九三爻。井卦的卦辭直言：凶。九三爻辭曰：井渫不食，為我心惻，可用汲。王明，並受其福。象曰：井渫不食，行惻也；求王明，受福也。意指楚王昏昧不明，不重用賢人，令人難過惋惜，自己的實力無法發揮，遇不到伯樂明君。於是投江去。在這人才競爭的時代，領導者身邊若都是豬隊友，不求才若渴，則有能力之賢人紛紛求去外流了。民俗上用端午節午時(11-12點)水加上菖蒲艾草白芷煮水沐浴淨身可避邪。最好是用井水或泉水。

六、五行五音五味

五音為宮商角徵羽。

宮音（喉音）屬土。例ㄛㄜ

商音（齒音）屬金。例ㄐㄗ

角音（牙音）屬木。例ㄓㄔ

徵音（舌音）屬火。例ㄉㄊ

羽音（唇音）屬水。例ㄅㄆ

五味為甘辛酸苦鹹。

甘味屬土。

辛味屬金。

酸味屬木。

苦味屬火。

鹹味屬水。

五樂：

金：鋼琴。木：笛水：鼓鈸

火：小提琴 二胡 古箏

土：陶笛。

五物：

木：蔬果。火：羊肉 熱食

水：魚。金：牛肉。土：豬肉。

五色：

黑色食物助腎延緩衰老。

紅色食物有助心血管。

綠色食物是生命元素。

白色是營養食物助肺。

黃色食物可增强免疫力助脾。

依各人八字体質五行喜忌，適當的取捨運用。

七、五行與五色

五行（金木水火土）但依相生次序而言應是水木火土金。五行五德最早出現在洪範一書。顏色配五行為：水黑木綠火紅土黃金白。

「四時無常位，五行無常勝，聖人無常師。」各種顏色皆有其正向和負向意義，依各人五行喜忌來應用得當則有加乘效果。

黑色：正向是穩重大方。負向是陰沉死亡。

綠色：正向是開朗旺盛。負向是萎靡 病態。

紅色：正向是喜悅富貴。負向是激動傷害。

黃色：正向是尊貴博愛。負向是邪惡沈淪。

白色：正向是光明聖潔。負向是滄桑冷漠。

藍色：正向是陽光 舒活。負向是憂鬱苦悶。

八、五行也有反生反剋

一般人大都知道五行（木火土金水）有相生和相剋現象。其實五行也會有反生和反剋的現象發生。例如：電灯炮從開始亮到熄滅的過程就是一種反生現象，開始亮是白光（金）一段時間轉為黃光（土）再久一些就轉變為紅光（火）又再過些時便轉為綠色（木）最後轉為黑色（水）灯光就熄滅壞掉了。即金生土，土生火，火生木，木生水。運用到人相學比如金行人膚色宜白，但若氣色為黑色即回到母色（水），凡人氣色若反生到母色則有災咎危險。

木行人則不宜見赤色。

水行人則不宜見青色。

土行人則不宜見白色。

火行人則不宜見黃色。

五行無常勝（剋），例如原本金剋木，但若木強木衆而金弱金稀，金就反而被木剋了。

若能熟練運用五行相生相剋反生反剋的道理則近道矣。

九、四時無常位

五行無常勝聖人無常師五行理論首見於洪範。

五行的生剋被廣泛應用在命理及生活各領域。

常言道金佛不度爐，木佛不度火，泥佛不度水，真佛心中坐，也是五行概念的衍生。

五行相生：水生木，木生火，火生土，土生金，金生水。(水-木-火-土-金-水)

五行相剋：水剋火，火剋金，金剋木，木剋土，土剋水。

一般而言相生為吉，相剋為凶，但五行無常勝，相生相剋的吉凶則非絕對。有時透過人文的化成，例如化凶為吉，化煞為權，化禍為福，化苦海為淨土，化戾氣為祥和。

關鍵在於是否能知化善化，如易經云：化而裁之之謂變。

真佛心中坐，是已經跳出五行，不再執象以求，即真性是不假外求，不受五行干擾，而在於自我開發出來的。

十、對方是否為己之貴人

人與人互相之間的磁場有相吸的也有相排斥的（互助或互剋）。合婚或找合夥人或與同事子女間是否合得來或是誰欠誰的。可參考以下幾項條件：

1.依出生年的干支察60甲子納音五行生剋來論吉凶。

五行相生大抵而言皆吉

例如：金配水（金生水吉），五行相剋為凶，

例如：火配水（水剋火為凶）。

五行相同者：金配金，火配火為凶。

木木，土土，水水相配為吉。

2.生肖三合或六合為吉。

例如：生肖蛇牛雞為三合。牛鼠生肖為六合。

生肖六冲或相刑為凶。

例如：生肖鼠馬為六沖。鼠羊生肖相刑。

3.出生年命卦的五行相生為吉，相剋為不吉。

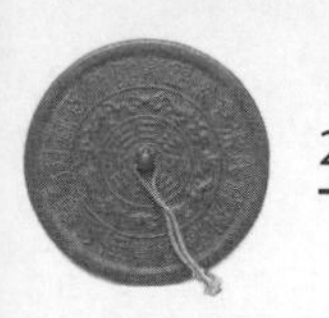

例如：乾卦（金），艮卦（土），土生金為吉。

4.命卦同屬一組者為吉，（例如同屬乾坤兑艮為西四命）。同屬坎離震巽（東四命）一組者為吉。若不同組者為不吉。

5.姓氏字形與生肖合者為吉，若1-5項皆合者緣深助力最大。但八成的人都是不合，此生是相互欠債，來修行的。

十一、數字的靈動力

一般人皆認為數字有其靈動力和暗示，所以在心裏上往往會在意的。例如：結婚日宜雙數，成雙成對，比翼連理。送禮雙數不可單數白帖要單數，待客菜用雙數（好事成雙）。

男不做3，女不做4（生日30，40）。

7男1女乘船類似八仙過海，惹惱海龍王易翻船。

逢7不出門，逢8不歸家，13忌出遠門（失散之意）。

忌用一根筷子吃飯（鬼）。

忌同時打二蛋：傻瓜蛋。

農曆2月2日為龍日，忌動刀剪及針。

扣子忌双數。

18數字吉利（要發，實發）。

數字為凶的為24 84 17（妖妻），94（輾死）13（煞神不請自來惡作劇）。13

逢週五（偷吃禁果）。

生長週期：女7，男8。

27=14 女天癸至

28=16 男可有子

（陰陽合）。戊日或逢5 15 25日不動土（破5不吉）。。……

十二、學習命理哲學必備認知的基本知識：

1太極
2兩儀
3三才
4四象
5五行
6六爻
7七政
8八卦
9九宮
10十天干
12十二地支
數字1到10也蘊藏著一些靈動力。
1代表一切心，初發心，赤子之心，責任心，堅持心。具領導指揮霸氣。天

下之動，貞乎一也。

2坤陰的思考，配合，感性，体貼，引導，原諒，了解，易地思考。

3多變化，活潑，不穩定，危機，轉機。

4穩定，包容，全面性思考。

5和諧，均勻，謙虛，生生不息，自然的生命感。童心好奇心。

6居偶數２４６８10的中間，靜極思動，無為而為，順著生命節奏。六道輪迴，多付出。

7週期性，七日來復，秋天的果實，天体運行。理性的質疑，學習力，堅忍力。

8各種方向，八個卦位來看人生懂得進退，卦象的感應。掌握規劃。

9極數，動極思靜，覺悟心，徹底用心改變，智慧生，接引的兆頭。

10圓滿，菩提心，種子，經驗分享。

十三、民俗禁忌之1：

婦人嘮叨家財不旺。
婦人蓬頭垢面易悲生。
婦人喜穿舊衣家財不興。
婚後遭盜賊男女冲剋。
婚宴大辦太過有折冲。
刀剪敞口傾放夫妻斷情。
女人雄聲夫失位。
剩菜肴盤放桌面財源差。
晚餐晚吃運難先開。
药瓶忌放桌面病慢癒。
桌椅放不平家不寧。
入宅便迎香氣家運興旺。
入宅有穢氣冲來邪病生。

穿著翻衣遇事不遂。

花萎魚鳥死主有變化。

勿探病日：壬寅 壬午 庚午 甲寅 乙卯 己卯 六日。

十四、民俗禁忌之2：

1.壺（虎）嘴不對向人，易有口舌。

2.盛飯勺子忌往外翻。

3.待客菜要双數（好事成雙）。

4.作客之人不翻魚。

5.未用完飯忌收空碟（驅客之意）。

6.敬烟要用双手忌單手。

7.筷子忌放碗上面。

8.忌用一根筷子吃飯。

9.忌用竹掃把掃客廳。

10. 兩把掃帚放一起（敗家）
11. 掃把勿放浴室。
12. 忌兩椅對疊。
13. 药品勿放灶上或神桌上。
14. 药渣忌存放，宜速倒掉。
15. 忌跨衣帽。
16. 送病人物品勿用双數，最忌4數。
17. 不宜直接吃鍋鏟上的菜。
18. 忌敲碗筷，招窮氣。
19. 13（失散）日忌出遠門。
20. 衣釦忌双數。
21. 忌反穿衣服 反戴帽子。
22. 忌竹竿尾晾晒衣服。
23. 忌戴撿拾到的帽子。

24. 送禮宜双數，不可單數。
25. 忌在客廳屋內開傘旋轉傘。
26. 沒事不可丟石子踢石子（丟掉生意）。
27. 做生日，男不做3，女不做4.(30 40)。
28. 老人做生日宜中午忌晚上。
29. 7男1女共乘船，似八仙過海。不吉。
30. 送巾或刀剪為斷根之意，送扇傘為不相見之意。
31. 忌客人提药包或香燭來串門。（邪氣跟來）。

十五、財位在那裏？

古風水書籍並沒有提到〈財位〉這兩個字。但現在許多人都認為大門的對角線位置就是財位。其實只能勉強說是象徵性的財位。

風水學首重三要項，即為門主灶，灶在廚房，廚房才是財位所在，柴火煮食物，茶水供食。（柴＝財）所以廚房的位置要設置在對的地方，大小要適中，不宜太大，太大氣散不聚財，也不宜太窄小，太小又不聚氣存財不易。廚房隨時要保持整潔，用過碗盤不堆放，廚餘垃圾每天要處理掉，財神才會眷顧。房子小不宜用開放式廚房，影響健康，空氣品質不佳。

嚴格來說，真正的財位是要依房子的坐向找出其旺氣位才對。

十六、三命會通

三命：知命 安命 立命

從觀察大自然的變化規律到自身，透析事物的本質，及發展過程（生老病死成住壞空，元亨利貞，貞下起元，反復其道）。向外對外界觀察，向內觀察自己。內在轉化，用禪心看瞬息繁華如夢幻泡影的世界，由生命的覺醒契機（失得成敗，病傷及殊緣），參悟其機，建立一套生命哲學。以陰陽圓融的態度處理人事物。而不憂不惑不懼，終極幸福。

十七、體常御變

心由境轉，情由境遷，遇到難題轉念不愧是方法之一，不過一味强調轉念，無非也是逃避之一，問題有時並沒有根本解決。或許問題會一再反覆出現，不斷在裏面糾纏，增加痛苦，損害生命的質量。

「原始要終，以為質也」，「體常御變」，轉念首先要勇敢面對問題，知萬物之情及人情世故去釐清問題，層層去解構問題，透析事物問題的本質，找到重點，也才能知變適變，真正覺知，方能根本轉念轉型，才能淡定坦然接受，放下讓它過去，才有好心情，重建信念，提昇層次，理事圓融，去做更有意義的事。

十八、明因識果

大學：「物有本末，事有終始，知所先後，則近道矣」。易繫辭日「易之為書也，原始要終，以為質也」。凡事有因必有果，種善因得善果，種惡因得惡果，其義是要秉此以行事，及做為探求事物的本質。明因識果，防微杜漸，事物才會圓滿。始與結果同樣重要。既要畏果也要畏因。明因識果，防微杜漸，事物才會圓滿。「道」是實實在在依著規律在運作，不因你主觀的認知或期待就可以改變的，也不會因你有多倔强的脾氣就可改變世界。若善惡未見報應，只是時間的問題。

十九、中道思維

正向思維並不是成功的絕對條件。易曰：「力小而任重，鮮不及矣」，「負且乘，致寇至」。即不知量力而卻想做大事業擔重任，除了給自己壓力，也很少不壞事的。雖然有宇宙吸引力法則之說，勸人要立志。但人貴自知，如智小而謀大，德薄而想居高位，就如易曰「鼎折足，覆公餗，其形渥，凶」。太極涵陰陽兩儀，人除了要有正向思維，也要有憂患意識的負向思維。易曰：「君子安而不忘危，存而不忘亡，治而不忘亂」。「其亡其亡，繫于苞桑」。福禍本來就是相依伏的，中道思維是同時要考慮陰陽正負思維。

二十、化氣轉氣

天地間計量者數，運行者氣。居家陽宅風水地氣有旺衰之氣，陰氣或陽氣。陰氣多之宅，譬如建地氣濁 潮濕 陰暗 周圍環境差 路沖 壁刀煞 天塹煞 前低後高後無靠 內部格局坐向不明 地下室幽暗 天花板太低 迴廊多 不通風 日照不足 金屬玻璃太多等等。可以人事作為化陰氣轉為吉氣。

1.庭院或陽台可種些陽氣多的植物，宅內擺些盆栽，花卉。

2.依色彩五行來制化，例坐北朝南之宅（屬水），南方（火）有路沖，即水剋火，易有心臟眼目疾病，可以用綠色木（水生木或黃色土來洩火），程度可減輕，這是用貪生忘剋法。

3.可在庭院的適當位置做水池或室內擺對魚缸，水氣可以化煞轉為吉氣。

4.豎立大石頭（石敢當）。

5.明堂門口玄關擺放些红色花卉，用紅色來制煞。

6.加强燈飾照明，裝壁燈或立燈 鎢絲燈泡，燈光有驅陰之功。有光明才有利祿。

7.擺設吉祥飾物或掛些正向賞心悦目之畫作。

二十一、財不入急門，福不入偏門

風水學認為水主財，但水流急速（直射水），或流水急轉彎，皆留不住氣，財來財去。流水宜彎曲流緩有情，方能聚財。人相學論財在鼻，鼻子短的人個性急，易衝動行事，不善理財，中年易有一破。相學上急躁之人，例如眼睛凸，眉稜骨高凸，眉毛濁濃，眉尾散亂，說話太快，走路急行，飲食快速，手指太短，手纹感情線與智慧線太靠近等，錢財皆不入急門而易流失。鼻挺準圓，三停勻稱，行事營為穩重，財神才會眷顧。

君子愛財，取之有道，若經由巧取豪奪，偏門走道得來之財，會無福消受，易經曰：積不善之家必有餘殃。沒有厚德便無法承載其福，或殃及後代。走偏門之人皆由辯之不早辯也。

二十二、必讀三本書

受用一生的三本書：

1.易經：是一切學術的源頭，多元的智慧，廣大精微，照見一切真相，能做為動作營為的靠山，可啓迪思维，改變觀念，提高層次，昇華身心靈。

2.人相學：人身是天地的縮影，手面相記錄著宇宙信息，善惡發於手面，人貴自知，鑑己之否泰，為己定位，福自己求，知人善任，擇人任勢，用人得失，關係至大。

3.陽宅風水：地有吉氣，吉宅是助緣，有情的環境，在有形空間和時間交會作用，好的氣場就能催化好的基因活動，是家庭興旺的樞纽，企業吉凶成敗的關鍵。

二十三、將帥無能，累死三軍

易經〈師〉卦：「貞，丈人吉，无咎」。「居子以容民畜眾」。用兵貴在選將，國家或企業的領導人，應是才德兼備，有威望又能超前佈署，用人得當，也能體恤人民的人來擔任，才會是致勝關鍵。

初六爻象辭日：「師出以律，失律凶也」。即若紀律不嚴謹，指揮官調度無章，定要失敗。

六三爻象辭日：「師或輿尸，大无功也」。若指揮官好大喜功，自傲自滿，定陣亡不少軍民。

六五爻象辭日：「長子帥師，以中行也；弟子輿尸，使不當也」。即戰爭要任用有專才又有領導能力的主帥，若任用沒專業又沒領導力的人來當指揮官，終致殘敗，人民受苦。

二十四、假話全不講，真話不全講

偽善虛假之人喜講假話，散布假訊息，浮誇言論，或製造假新聞，清代曾國藩云：邪正看眼鼻，真偽看嘴唇。要留意以下特徵之人：

1.眼神流視不定

2.口角歪斜

3.齒列雜亂尖露

4.上下唇超薄

5.口無邊，撇嘴而言

6.眼凸神露，眼形三角，三白眼。

不誠實造假 造口業而存者，只是暫時僥倖而已，天道好還，隨他去吧！清者自清，真相終大白的。假話還是不應講。

但講真話不一定有善報，因為有人得，就有人失，就生怨氣而受无妄之災，常言道「交淺不言深，交深不言淺。」，「可與言而不言，失人。不可與言而言，失言。」易經的「无妄」卦，无妄即妄，災也。所以要慎言，真話不全講。

二十五、男生女生配

男女合婚方法有很多，諸如1.以双方八字的刑冲會合。2.紫微斗數的命宮夫妻宮三方四正星曜的组合。3.男女出生年干支納音的五行比對。4.男女出生命卦東西四命是否同组。5.以男女生肖是否三合六合。6.或以姓名學的字形筆畫及五行是否來電等等。

男女美滿配對結合，會是1+1>2，反之配對錯的話，可能1+1<1。

以人相學而言，身高同高或一高一低者吉，一胖一瘦或男女皆瘦者亦吉。但矮配矮，胖配胖不吉。以外五形論，金形人配水形人，土形人配金形人，水形人配木形人皆是相生為吉。但金形人配木形人，火形人配金形人，土形人配水形人，木形人配土形人，水形人配火形人皆是相剋則不吉。

二十六、五行無常勝

一般而言，五行相生為吉，相剋為凶。相生表示双方互相有助力，相剋表示双方相互制約抵制。相侮為反剋，即原本五行相生有利，卻相生太超過，反而不利，例如：水與木是相生，但如水太多則木漂，有損於木，即是反剋。在人事上如陰符經所言，「害生於恩，恩生於害」。同理五行相剋也不見得全凶，例如金剋木，原本是凶，但若木行人面微方，色白潤，則木為金彫，亦主中晚年成就可期。

總之，五行之間生剋比例的拿捏要分寸得宜恰到好處，凡事過與不及皆易有所失。

〈五行的情志對治法〉

火剋金：以喜來剋制悲傷

金剋木：以悲來剋制怒氣

木剋土：以怒來剋制思慮

土剋水：以思來剋制恐懼

水剋火：以恐來剋制狂喜

過喜則神散渙氣，過怒則氣上，過悲則氣消，過恐則氣下，也可利用情志來對治，環環相扣。

五勞：久視傷血，久臥傷氣，久坐傷肉，久立傷骨，久行傷筋。

七傷：食太飽傷脾，大怒氣逆傷肝，憂愁思慮太過則傷心，過食冷飲食物則傷肺，恐懼不節則傷志，風雨寒暑不調則傷形。

二十七、占卦方法及占卦禱文

占卜祈禱文有多種，熟習皆可，誠心誠意為要。

1.天清清 地靈靈，拜請八卦祖師爺伏羲 文王 周公 孔子四大聖人，一化天清，二化地靈，三化長生，爻知天地，卦通鬼神，今者弟子 x xx 住在 x x，因有一事未決，祈求降卦，好出青龍，壞出白虎，以斷吉凶。

2.抽靈籤，卜聖卦，籤聖卦定，卜卦兼算命，老人卜根基，囝仔問八字，讀冊人問科舉，查某人卜花喜，卜看會生男也生女。（唸閩南語比較順）。

3.金錢卦占：以3個硬幣，第一擲為下卦，第二次擲為上卦。上下兩卦除以6得動爻。

4.米卦：以食指中指夾米，第一次夾出除以8取餘數為下卦，第二次夾出的除以8取餘數為上卦。第三次夾出的除以6取餘數為動爻。

5.手卦占法：以翻卦掌訣，先點者為上卦，次點者為下卦。上下卦除以6求得動爻。

易不占危，否則不靈。

佳句篇

一、酒

常言道：天有九星，地有酒泉，人要愛酒，才不愧天地。酒在人際互動常是個催化劑，酒入口就能打開話夾子。不也說久逢知己千杯少嗎？它也是心情的療癒劑。尤其喝到微微燻醉，身形飄然，說是快樂似神仙。

節錄前人的詩供欣賞：

千秋萬歲後，誰知榮與辱，但恨在世時，飲酒不得足。

易經第64卦上九爻的象辭曰：飲酒濡首，亦不知節也。

即縱情濫飲醉酒失態，是不知節制。

易經第27卦頤卦象辭曰：

君子以慎言語，節飲食。

「詩不期工，貴得其意。

酒不期多，貴貪其味。」

二、打油詩

天上星多月不明
地上石多路不平
海上魚多水不清
心上人多情不足
天上無雲雨不下
地上無草怎有花
魚兒離水活不了
那顆心兒不想家？
天頂雲多月不明
埤塘魚多水不清
河中船多難起槳
阿哥情多亂了心
境緣無好醜
好醜起於心

心若不強名

妄情從何起？

三、堅持與執著的不同：

堅持的心是開放的，堅持是有理想有目標持續努力去克服困難解決問題。隨時保持清醒的思考以及活潑的動力。

執著的心是封閉的，在情緒或情感上打死结，緊咬著難題不放，鑽進死胡同，又不能針對問題去設法解決。

生命是要堅持，也還要有不執著的胸懷，才會活潑自在。

四、術本無罪，其罪在人

自由自由多少罪惡假汝之名。

正義正義多少齷齪事假汝之名。

孔子曰：德薄而位尊，知小而謀大，力小而任重，鮮不及矣。

易曰：鼎折足，覆公餗，其形渥。

其意指小人居大位，胡作非為。吃相難看。

權力在手可為善亦可為惡，全取決於人。

醫生可救人也可害人，也取決於醫德。

命理師風水師習得一些方術，可以助人也可以害人。完全取決於其德行。

所以說：術本無罪，其罪在人。

五、歪理也要知道

古士人必懂四理：

儒理：儒家入世精神及做人的道理。

命理：不知命無以言君子，要有自知之明及先見之明。

地理：要重視居住風水，居必擇吉地吉屋吉鄰而處。

醫理：要懂得養生之道，配合自身五行與天地四季之氣。

現代社會因為媒体網路發達，名嘴充斥，防人之心更不可無，所以還要知道一些〈歪理〉。奸邪之人的巧言諂詞淫詞，强詞奪理黑白是非混淆不清等嘴臉。如能明白了一些〈歪理〉才不會被騙上當。也不至於「帶眼唔識人」。

六、迷信有兩種：

1.盲目的相信。（不加思索 評量 研究）。

2.只相信自己的見解 及自己經驗（執著狂傲不屑去研究他領域）。

由陰陽理論，有形與無形事物是同時存在的。但有形的驗証法不能去印証無形的事務。風水 命理 玄學等要相信但不可迷信。

七、年底大掃除，除舊除穢佈新，居家陽宅就可以續氣迎氣。明年才能旺旺來。利用掃除機會，換掉破損傢俱，灯光換亮些。陽亮陰暗，若陽宅太暗，財神爺進不來疾病易到來。

八、生活是唯一道場，順境逆境皆是修行，行立坐臥皆是禅，未成佛道，要先结人緣。處理人際關係比金錢重要。

塵境本為入道之緣，習氣少一分，工夫即進一分。

九、退休

九、退休，這兩個字，義見於形，〈退〉字左邊為足為行走之意，右邊〈艮〉在易象艮為山為止之意，前面有山阻擋不能再前進，必須停下來，即停止前進。

〈休〉字左邊為一個人，右邊為木，退休後一個人變成木頭人，呆若木雞，漸漸痴呆，久後木頭枯了當柴火燒。所以人不可退休，若階段性退後，要覺知轉念，（退）另一層意即要爬爬山親近大自然，（休）另一層意即要靜思，多吸收樹木的芬多精。

易經乾卦云：天行健，君子以自強不息。

十、窮養或富養

易經〈頤〉卦：貞吉。觀頤，自求口實。雜卦傳曰：頤，養正也。

養育小孩有三：窮養 富養 養正。

1.窮養：教育小孩過儉樸生活，小孩長大後大都會比較積極，努力向上。尤其對男孩子宜以〈窮養〉待之。將來比較能中興家業。否則較無作為或成啃老族。

2.富養：給小孩過優渥生活，滿足一切，女孩子長大後，比較不會再貪慕虛

榮，被物質欲望利誘而出賣自己。

3.養正：養之以正，需要的給，想要的不給。養正則吉也。

4.自求口實：要靠自己力量，自立更生。

5.養身先養心，養德。進補以養身，寡欲以養心。

十一、節制非苦行

易經「節卦」曰：苦節，不可貞。

1.人的慾望多，人生的路誘惑也多，適當的自我約束節制是必須的。

2.樂天知命從知「節」開始。為道日損，能合乎人性，適可而止，自然和諧。

3.太偏執過度嚴苛節制，弄得不近人情，不自然，讓人生畏，而產生反效果，是道德與精神的不正，〈節〉變成〈劫〉。

4.事物發展過程中，理性自制，大事講原則，小事要靈活，懂得權衡變通，該方該圓，恰到好處。

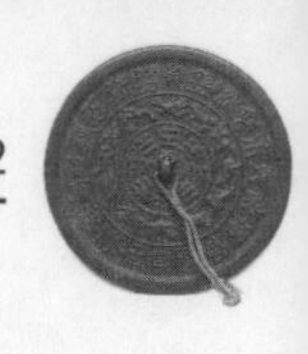

5.人要有節制的表現，給自己留餘地，才會有長久的魅力，好上加好。

6.悟道之人能減少內心的欲望，視節制為樂行，內心是快樂的。但沒有悟道之前，太勉强壓抑情欲，無法得到釋然，有違自然養生之道。

7.不必拋棄財富親情去求道，貧窮並非就能近道，財富不是一道牆，要能知福惜福再培福。欲望無窮才是罪。

8.老年人不要再做苦行僧，夕陽無限好，彩霞滿天，只要合乎中道，快去滿足圓自己的夢。

十二、正人先正己

易經〈家人卦〉：家人。利女貞。

1.家道興衰，決定在主婦治家是否嚴正。

2.女人「正」是家安寧的基礎，妻賢夫禍少。

3.一家之內要先正女，一國之內要先正主政者。

4.家庭是以婦人為主，應有柔順 謙遜的德操。

5.家人是靠感覺存在，以情來維繫的。和諧才能使家金碧輝煌。撒嬌不需要理由。
6.若家人凡事都要講理講法時，感情已經產生質變了。
7.為人家長宜言有物而行有恒，要以身作則，不宜空洞說教。
8.不可把壞的習慣及剛硬的脾氣帶回家。氣氛才不會僵冷。
9.疑心囉嗦唠叨吐糟是毀滅家的利斧。
10.家是家人的堡壘驛站加油站，療傷休養生息，分享傾聽的地方。
11.要有似水般温柔的心才能回到我們彼岸的家。

十三、三明主義

1.自知之明：人貴自知，為己定位，天生我才必有所用，形勢比人强，要量力而為，不妄為，不逆勢而為。禍是自己做，福是自己求。
2.識人之明：善惡通心竅而現於面。古云：「誠於中，而形於外」「觀其眸而知其人」「得人者昌，失人者亡」「不用賢則亡」「為政在人」「擇人任勢」。要能識人之善惡和長短，捨短用長，適才適用。若大才小用則埋没人才，小才大

用則天下大亂。

3.先見之明：生活中唯一不變的就是「變」，要能透析事物的本質及其因緣聚會的發展過程和步驟，才能面對變化，見識應變，體常御便，持經達變，唯變所適。

十四、大相重精神氣宇

人居於天地之中，人身是天地的缩影。人相亦可以八卦來象徵。乾為天為頭，頭宜圓。坤為地為足，足宜厚實。眼睛為離卦，眼宜明亮。鼻子顴骨為艮卦，艮為山宜峻聳。骨節為兑卦，兑為金，骨宜堅壯。毛髮為巽卦，巽為木，毛髮宜秀麗。血脈為坎卦，宜通暢。聲音為震卦，音韻宜宏亮悅耳。

手面相容貌記錄著宇宙信息，宜得其形得其神得其氣。骨格定一世之榮枯。大相則重「精神」與「氣宇」，而非僅看外貌皮相之美醜。即事業看精神。功名看氣宇。

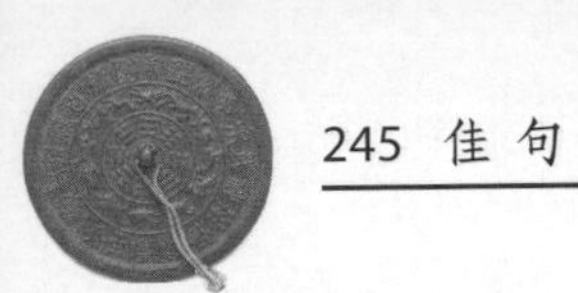

十五、少生氣，多吸氣

開運妙法：

少生氣，多吸天氣吸地氣 吸人氣 吸物氣。

吸天氣：生活作息配合日夜晨昏及四季運行 12 節氣變化。及要曬太陽增強陽氣。

吸地氣：選擇氣旺的環境居住。安居樂業，開枝散葉。或常去磁場好的場所及寺廟走走。

吸人氣：多與樂觀積極正向之人或時值旺運之人相處。或多參加喜慶。常到觀光客多的五星級飯店或精品店喝咖啡逛逛。

吸物氣：多吃能量強的食物，或居家擺置好能量之飾物及圖畫。及選對合適自己色彩的穿著。

常生氣則火燒功德林。貴人遠離運勢轉弱。

十六、月亮跟著禿子走

相書云：「無濃髮之達官」及「有濃髮之健兒，無濃髮之宰相」。人過中年後髮漸稀漸白為自然現象。禿頭跟基因與壓力有關。只要不是中年前就禿則無妨。太早禿頭者行運起伏較大。也不宜圓形禿（鬼剃頭），表示時運很差。頭頂中央區域禿者亦主環境不順。髮稀者宜瘦不宜肥壯。廋人不宜留太長的頭髮。老年白髮而亮主福壽吉祥。但少年白則妨父母及體差。顏回18歲白了頭，壽僅32

少年宜濃髮，身体健康。但不宜身瘦小髮濃密，亦主體弱多病。

後頸髮際太高又頸項長者，個性自私，喜争鬥。太低者則主其人消沈遯世。

髮粗硬者，個性剛烈剛愎。

捲髮者，主觀意識强。獨斷獨行。

髮與「發」音近，要開運先從頭整髮做起。

十七、以直報怨

以怨報怨，易冤冤相報何時了，不慈悲也不厚道，當然是不足取。以德報怨，慈悲寬厚原諒對方，但也未必能化善，感化對方。慈悲固然是要有，但沒有智慧的慈悲，有時反而助紂為虐或姑息養奸，不利人也不利己。以直報怨才是以智慧來處理，不以暴制暴也不會是爛慈悲。

易經的坤卦的法則是至柔而動也剛，六二爻云：直方大。〈直〉是做人處事基本原則，內心直率真誠有守，目標正確，行為正直純正，能分辨是非善惡及因緣果報，直於內，方於外，不屈不撓，有原則合情合理直接表達。柔中有剛，剛中有柔。人是要有慈悲心，但慈悲要源於宏觀的智慧，方能做出明智的選擇。

十八、打人 被打 慫恿打人

易經序卦「訟卦」之後是「師」卦。意義為爭訟不下就會師戎兵災。領導者若沒智慧處理爭訟，不知和為貴，久訟必凶的道理。或許可說，先有不知量力想被打的人，才有打人的人。還有一種人，希望慫恿別人打，來獲取利益的人。

十九、作客不如歸家

俗云：「在家千日好，出外朝朝難」，異鄉看久了也會倦，客居總不如家居，心安才是家。人生如寄旅，在隨緣中体會生命，一切來自於自然，終歸自然，人在時光隧道裡的生命之旅，一切的「動」是由「靜」發生，不妨靜觀其變，緣生緣滅，終必回於虛静，回到根源就叫做「静」也是它的自性。我淡則我濃，我濃則我淡，心靈是自然的產物，只有覺知洗淨你的心靈。換言之，也只有自然可以清洗你的心靈。事事順其自然，不為執著目的，生活就會多一分恬然，自然便了解其真諦。「作客」離不開世俗追求，「歸家」是覺知回到根源「自性」，它是永不消失的，也不用再當心會失去。

二十、口惠不實

易經〈咸〉卦上六爻象日：「咸其輔頰舌，滕口說也」。在上位的人應虛懷若谷，敞開胸懷，講真話，以堅定真誠謙虛態度治國，才能贏得民心。

上位者若只會憑藉著花言巧語，雄辯遊說之辭，不斷的掩飾，裝模作樣，鼓其如簧之舌，滔滔不絕施展大內宣大外宣，口惠而不實，想要就以此來打動人心，

最終是會被識破唾棄。

就如爻辭所言，只想藉著（輔頰舌）來取悅感動（咸）他人，是缺乏誠意小人的作為。「咸」卦之義，義見於形，是無心之感，即自然必然的感應，是纯真沒有心機，才能有交感，如同兩情齊發而相愛悦。人類的思想是有磁波的，對口惠不實皆會有感覺知曉。

二十一、冬至養生

周朝過年是以冬至為歲首，非常重視冬至這一天，要放假休息養生。古云：「冬吃蘿蔔夏吃薑，不勞醫生開药方」「生吃蘿蔔配熱茶，氣得大夫滿地爬」。春夏養陽，秋冬養陰。蘿蔔性陰，有下氣 消食 生津 利尿 解毒 潤肺 祛痰 之功，吃適量的青色白色或紅皮的蘿蔔，可以讓体内陰陽穩定，健康一冬天。

易道尊陽，易經「復」卦，陽氣回復，生機來臨了，但生機初發，不宜急切，宜安靜守候。「復卦」之象日：「雷在地中，復；先王以至日閉關，商旅不行，后不省方」。即冬至當天宜守陽，一切的動是由静發生。静是自性又稱為復命，最宜持齋静坐。邵子日：「冬至子之半，天心無改移，一陽初動處，萬物未生時」。天地在一呼一吸之間的「息」，即一陽初動處，人天要合一。

二十二、合理的不公平

大家都承認先天運原本就不平等的，如出生的環境國度 家庭富貧 父母優劣及相貌美醜 遺傳基因等，再加上後天的住宅風水 工作 同事 配偶等的差異都會影響人的運程。

易經〈謙卦〉：裒多益寡，稱物平施。納稅級距不同，收入多者納的稅多，或徵富人稅，達到劫富濟貧，讓社會能更和諧，是合理的不公平。社會家庭本來就是分工合作的組合，各種工作都要有人去做，能者多勞，同工也未必同酬，兄弟姊妹分家業也未必同額。易經〈復卦〉九三爻曰：「無平不陂」，海水永無平靜的，人生的路不可能完全一樣，也不會是一直平坦的，定有高低起伏，每個人的機緣財運也不會相同的，由此可知想要求一切都公平是不對也不可能的，但求合理的不公平。

二十三、順己者凡，逆己者聖

有句順己的話：只要我喜歡有何不可。一般人若隨性任性，心被情慾及外境所動，事事都想順己之意而為，這是平凡之人，古云：「耆欲深者天機淺」，再者事事順意者也無暇修道的。

「反者道之動也」，修道是要復命，由持戒忍辱控制自我，內修內斂逆己而為，不為外境所轉，回到初發心及赤子之心，克己復禮致超凡入聖。

易經雜卦傳有三個卦，艮卦節卦及大壯卦皆曰「止」也，艮卦是要自發性自我控制，「思不出其位」，即不做非分之想，思邪則元神不在位矣！節卦是要知止則止，才能終身不恥。大壯卦是要戒得意忘形，懂得自我約束。這些都是逆己反其道而行的最高明的智慧。

二十四、升米恩，斗米仇

窮困原因不外有二：起源於自己的貪嗔癡之心，導致破敗糊塗被騙。或前世所造的身業口業意業諸業力使這輩子窮困。要對於窮困之人多予慈悲的關懷。一般所謂「救急不救窮」或「救窮不救急」，應視情況及人而定，有些人給予應急，度過難關，卻過河拆橋不知感恩，有些窮人得到少許資助，卻能湧泉以報。但人性難測，有些人貪念太重，得了資助過後，卻索求無度，若無法再得到滿足，就生起怨恨之心。即應了「升米恩，斗米仇」及陰符經說的「害生於恩」。所以要以智慧來領導慈悲。

二十五、養生在於健康快樂

人体有12條經絡猶如12條高速公路，一天有12個時辰對應12條經络，在一天內要走完它。每一個時辰都有其主宰的王（旺）氣，依照順序從第一條經絡肺經大腸經 胃經 脾經 心經 小腸經 膀胱經 腎經 心包經 三焦經 膽經 肝經，再回到肺經。人体是一小宇宙，作息要配合一天的時辰，起居有節，知食物屬性並節其飲食，樂觀情緒調整七情，適當運動量力為，改變不良習慣，寡欲以延年，其實養生的目的在提升生活品質 健康快樂。

二十六、生物時鐘

動植物皆有其生物鐘，人類亦有生物鐘，養生要順應天地運行的規律，易經〈隨〉卦象辭曰：「君子嚮晦入宴息」。簡言之，日出而作，日沒而息。配合時序一年的春生夏長秋收冬藏，及一天的12個時辰的作息。

子時要入睡，以養元氣。丑時要熟睡勿生氣或飲酒，肝要排毒。寅時勿早起，養肺。卯時等神志清再下床排便，勿著涼。辰時要吃早餐補充能量。巳時要補充水分，勿思慮太過傷脾。午時食七分飽宜小睡片刻。未時或小憩。申時喝下午茶。酉時晚餐宜清淡，或小飲好酒。戌時宜散步或聽音樂。亥時宜泡腳休息。

二十七、有趣對聯

與大家分享幾則古人有趣的對聯：

1. 乾八卦 坤八卦 八八六十四卦 卦卦乾坤已定。
   鸞九聲 鳳九聲 九九八十一聲 聲聲鸞鳳和鳴。
2. 金生水 水生木 木生火 火生土 土生金。
   曾傳祖 祖傳父 父傳子 子傳孫 孫傳曾。

3.鐘聲 磬聲 鼓聲 聲聲自生。山色 水色 物色 色色皆空。

4.冬瓜在東 西瓜在西。文官在東 武官在西。

5.聞道頭可剃 無人不剃頭。有頭皆可剃 無剃不成頭。

6.酒不期多 貴貪其味。詩不期工 貴得其意。

7.千秋萬歲後 誰知榮與辱。但恨在世時 飲酒不得足。

8.一日不修一日空。一日修來一日功。

二十八、養生順口溜

1.上床蘿蔔，下床薑。

註：即早餐吃點薑，可提升陽氣。晚餐吃些蘿蔔，可消積食漲氣。

2.生吃蘿蔔配熱茶，氣得大夫滿地爬。

註：生吃蘿蔔配熱茶可養胃，腸胃功能好則不易生病，醫生的病患就減少。

蘿蔔宜選綠皮有機的。同時蘿蔔忌與人參 木耳 干貝 豬肝同食。

3.冬吃蘿蔔，夏吃薑。

註：冬天人体外冷內熱，

夏天人体外熱内冷。

4.五子衍宗丸，令人有子。

註：五子為枸杞子 覆盆子菟絲子 五味子 車前子。

5.穴位六總歌訣：

肚腹三里留，脇肋用支溝，腰背委中求，頭項尋列缺，胸腹內關取，面口合谷收。

二十九、藍色多惱河

文化的起源，水是特別重要因素。「水深民富，水淺民困」，流水不宜太急，水質不宜太濁，河流不宜太短促，宜綿延流長。

例如德國多惱河的流水寬且長，起源於U LM，流經古稱奧匈帝國的奧地利維也納及匈牙利布達佩斯（雙子城），再經塞爾維亞貝爾格勒（前歐洲的火葯庫，多種族文化的融合），再流經羅馬尼亞SO F 1 A，又經保加利亞最後注入黑海。這條河流沿途也流經了幾個國家的首都。帶動該地區的繁榮。

河流交會處是氣的聚集處，如歐洲最美的小鎮PA S S A U即是三條河（D O N A U和I L Z及I N N）交會處。

再如黃河 長江對中華文化，尼羅河與埃及文化，恆河與印度文化，密西西比河與美國文化。紐約 上海也都在海灣河流交會處。

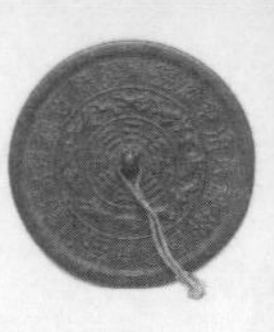

三十、關門比開門難

老子：「功成身退，天之道也」。「得其時則駕，不得其時則蓬累而行」。

孔子：「可以行則行，可以止則止」。

孟子：「君子窮則獨善其身，達則兼善天下」。

華盛頓：「沒有什麼人是不可以不被取代的」。

艾默森：「所有的偉人與英雄，最後都會被人厭煩」。

古德云：「手把青秧插滿田，低頭便見水中央，六根清淨方為道，退步原來是向前」。

易經的〈遯〉卦：遯之時義大矣哉。遯亦退也，決定退的時刻需要智慧，思考要與時間同步。懂得盛極必衰，急流勇退，能屈能伸，明哲保身，活在當下，放眼未來。人生舞台風光上台，也要背影漂亮的退出舞台。進退是人生藝術。能夠做到好遯 嘉遯 肥遯才能贏在戰略。

附錄一、〈擇日方法〉

1. 以主事者生年干支為主
2. 避開地支相冲之日，例子年生人，忌選午日午時。
3. 避開回頭貢殺

   申子辰全殺未命人

   寅午戌全殺丑命人

   巳酉丑全殺辰命人

   亥卯未全殺戌命人

例：未命之人，若所選之日的年月日時全都有見到申子辰三字，稱為「回頭貢殺」。

4. 注意每月日子記載的「用事」和「宜忌」。
5. 陽宅入宅擇日，宜考慮房子坐向，忌三煞方。
6. 安神位擇日宜考慮年煞方。
7. 訂婚結婚擇日宜再考慮男女雙方及其家長的出生年干支。

附錄二、〈生命密碼配卦算法〉

1. 以身分證的出生年月日數字相加到個位數，出生年要換算為西元年。

   例如：民國 68（西元 1979）年 1 月 21 日出生。

   生命密數：

   算式：1 ＋ 9 ＋ 7 ＋ 9 ＋ 1 ＋ 2 ＋ 1 ＝ 30

   3 ＋ 0 ＝ 3（震卦）

   生命密碼配卦：1 坎 2 坤 3 震 4 巽 5 黃（中宮）6 乾 7 兌 8 艮 9 離

2. 將生命密碼加上流年數字即為當年的卦數

例如：3（生命密碼）＋ 2023（年）＝ 3 ＋ 2 ＋ 0 ＋ 2 ＋ 3 ＝ 10 ＝ 1（流年卦）

3. 卦解：

生命配卦	正向	負向
坎命人	自主性、親力親為	固執、叛逆
坤命人	配合型、規劃參謀	依賴、矛盾
震命人	熱心、敏捷機智	急躁、任性
巽命人	務實、負責	佔有慾、猜疑
五黃命人	豪爽、人際圓融	膽怯、享樂
乾命人	奉獻、仁慈	桃花、計較
兌命人	正義感、勤儉	獨斷、支配慾
艮命人	領導管理、穩重	喜掌握、自負
離命人	智慧高、應變力強	神經質、孤寂

附錄三、〈小六壬占法〉

1. 以手掌指節記上「大安、留連、速喜、赤口、小吉、空亡」（如下圖）
2. 占法：隨機報 3 個數字，以大安起始為第一數，順時針數之，落點處起第二個數字。第二個數字落點數起第三個數字至落點處即為占到的結果。

例如：報數 3、4、6，從大安起 1 順數到 3 是速喜位，再以速喜位起 1 順數到 4 是空亡位，再以空亡位起 1 順數 6 到小吉位（即是所問事情的吉凶答案）

判斷吉凶：大安、速喜、小吉為吉。

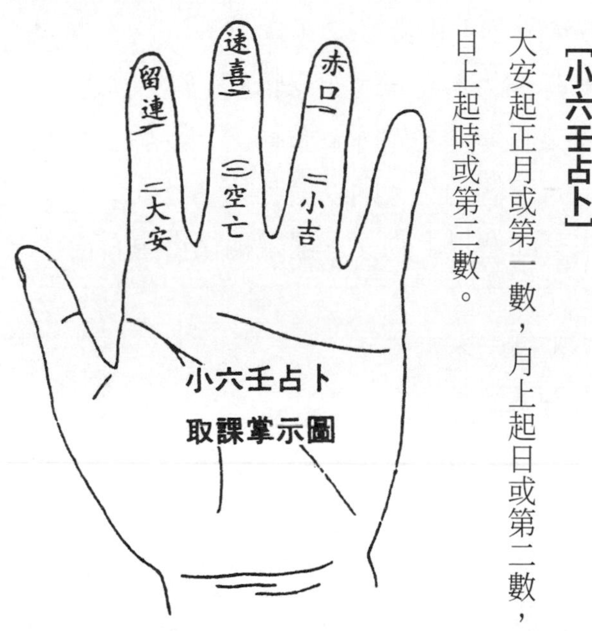

【小六壬占卜】
大安起正月或第一數，月上起日或第二數，日上起時或第三數。

附錄四、〈金錢占卦法〉

占法：

1. 取 3 個拾圓硬幣，人面像以 2 替之，拾圓數字面以 3 替之，放杯中搖後倒出。
2. 連續擲六次，依序為初爻、二爻、三爻、四爻、五爻、上爻記之。
3. 若 3 個硬幣均為人像，則為 6（陰爻記之）；
4. 若 3 個硬幣均為拾圓，則為 9（陽爻記之）；
5. 若 2 個面為人像，1 個面為拾圓，則為 7（陽爻）；
6. 若 2 個面為拾圓，1 個面為人像，則為 8（陰爻）；

解法：

1. 凡是屬 6 或 9 的爻即為動爻（變爻）。
2. 若全卦中有一個 6 或一個 9，即以該動爻解之。
3. 若全卦有二個動爻，先解下面動爻，後解上面動爻。
4. 若全卦中有三個動爻，則以變卦解之。
5. 若全卦中有四個以上動爻，建議稍後再重新占之。

注意事項：

1. 誠則靈，不誠者不占；
2. 不可占投機事；
3. 有疑方占，事定者不可占。

附錄五、〈數字占卦法〉

占法：

1. 寫出三組三位數字（百位數）

2. 第一組數除以 8，取餘數為下卦。

3. 第二組數除以 8，取餘數為上卦。

4. 第三組數除以 6，取餘數為動爻。

餘數取卦名為：1 乾 2 兌 3 離 4 震 5 巽 6 坎 7 艮 8 坤。

例如：三組數字分別為：327；648；127

327 ≑ 8 → 餘 7（艮卦為下卦）

648 ≑ 8 → 餘 8（坤卦為上卦）

128 ≑ 6 → 餘 2（謙卦第二爻動）

上坤下艮為「謙卦」

註：餘數 0，以 8 視之；動爻的餘數 0，以 6 視之。

附錄六：陽宅流年風水吉凶方位圖

（含九星吉凶論斷、勘輿學大運算法、流月運算法）

五黄星入中宫

2022 年
2031 年

南

文昌位 四	喜慶位 九	病符位 二
祿存位 三	關煞位 五	破軍位 七
財位 八	財位 一	財位 六

北

文昌位：東南方

凶位：正中、西南方

財位：正北、西北、東北

四綠星入中宮

2023 年
2032 年

南

祿存位 三	財位 八	財位 一
病符位 二	文昌位 四	財位 六
破軍位 七	喜慶位 九	關煞位 五

北

文昌位：正中
凶位：西北方、東方
財位：西南、正西、正南

三碧星入中宮

2024 年
2033 年

南

病符位 二	破軍位 七	喜慶位 九
財位 一	祿存位 三	關煞位 五
財位 六	財位 八	文昌位 四

北

文昌位：西北方
凶位：西方、東南方
財位：正東、東北、正北

二黑星入中宮

2025 年
2034 年

南

財位 一	財位 六	財位 八
喜慶位 九	病符位 二	文昌位 四
關煞位 五	破軍位 七	祿存位 三

北

文昌位：西方

凶位：東北方、正中

財位：東南、正南、西南

一白星入中宮

2026 年

2035 年

南

喜慶位 九	關煞位 五	破軍位 七
財位 八	財位 一	祿存位 三
文昌位 四	財位 六	病符位 二

北

文昌位：東北方

凶位：南方、西北方

財位：正東、正北、中宮

九紫星入中宮

2027年
2036年

南

財位 八	文昌位 四	財位 六
破軍位 七	喜慶位 九	病符位 二
祿存位 三	關煞位 五	財位 一

北

文昌位：南方

凶位：北方、西方

財位：西北、東南、西南

八白星入中宮

2028年

南

破軍位 七	祿存位 三	關煞位 五
財位 六	財位 八	財位 一
病符位 二	文昌位 四	喜慶位 九

北

文昌位：北方

凶位：西南方、東北方

財位：正西、正東、中宮

七赤星入中宮

2029 年

南

財位 六	病符位 二	文昌位 四
關煞位 五	破軍位 七	喜慶位 九
財位 一	祿存位 三	財位 八

北

文昌位：西南方

凶位：東方、南方

財位：東北、西北、東南

六白星入中宮

2030 年

南

關煞位 五	財位 一	祿存位 三
文昌位 四	財位 六	財位 八
喜慶位 九	病符位 二	破軍位 七

北

文昌位：東方

凶位：東南方、北方

財位：正南、正西、中宮

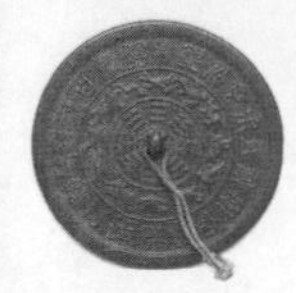

九星吉凶論斷

一、一白坎水：貪狼星，生氣星，官貴星，桃花星，主積極進取、人緣、桃花、聲名地位。

二、二黑坤土：病符星，主疾病，不利宅母，脾胃差，意外。若流年逢二黑到臥室、大門，則需防災病。

宜靜不宜修造。可放葫蘆，銅製品制化。

三、三碧震木：祿存星，是非星，主退財、小人、官符、傷害、爭鬥、阻滯。

四、四綠巽木：文昌星，主學業、考試、科名、人緣、桃花、升遷運。

五、五黃土：關煞星，主不安定、破財、意外、是非、血光、離異、失火、招陰邪、諸事不利。

若再與二黑或九紫相逢則更凶；逢三碧也凶。流年飛星五黃到宅之大門、臥室、辦公室、廚房則需防病災，此處宜靜不宜修造，可放銅製品制化。

六、六白乾金：武曲星，偏財星，驛馬星，主財富旺，有權力，武貴，遠行升遷。

七、七赤兌金：破軍星，主破耗、盜竊、搶劫、鬥毆、被背叛、連累。

八、八白艮土：左輔星，正財星，人緣、旺丁、穩定性。

九、九紫離火：右弼星，喜慶星，主桃花、喜慶、人緣、愛情姻緣。

勘輿學大運算法

自一白坎至九紫離順行，一運主二十年。

西元 1984 年至 2003 年行七兌運

西元 2004 年至 2023 年行八艮運

西元 2024 年至 2043 年行九離運

西元 2044 年至 2062 年行一坎運

流月運算法

子午卯酉年寅月起八白，卯月為七赤，依次逆行。

辰戌丑未年寅月起五黃，卯月為四綠，依次逆行。

寅申巳亥年寅月起二黑，卯月為一白，依次逆行。

太極兩儀四象八卦圖示

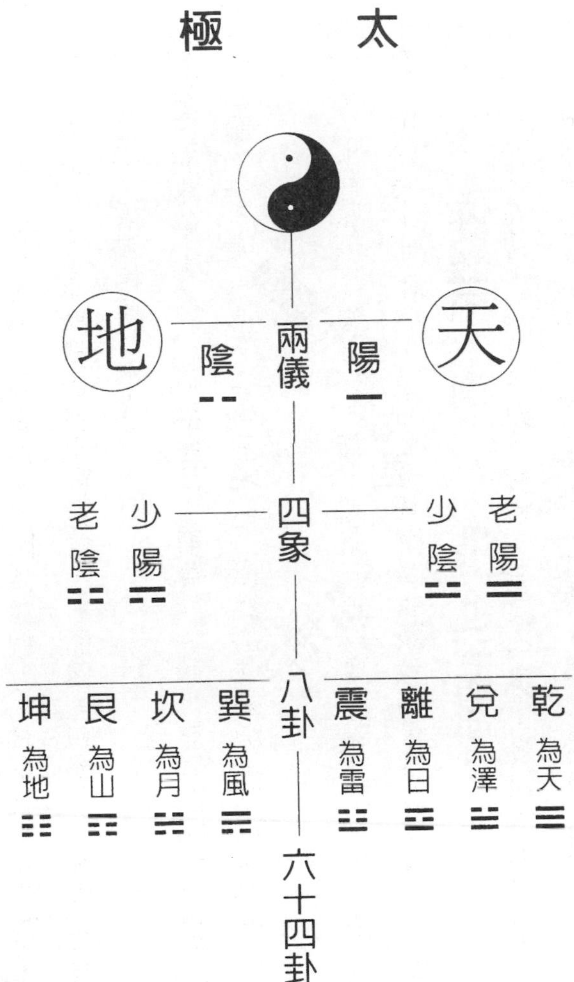

說卦傳

天地定位。山澤通氣。雷風相薄。水火不相射。八卦相錯。數往者順。知來者逆。

先天八卦方位圖示

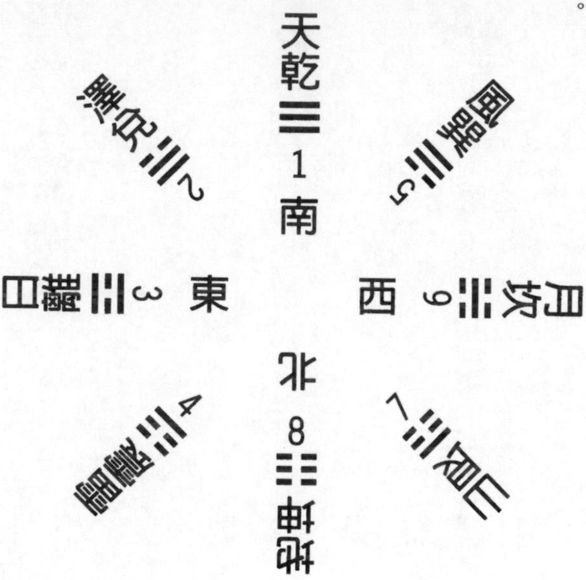

天乾☰1
南
澤兌☱2
日離☲3
東
雷震☳4
風巽☴5
月坎☵6
西
山艮☶7
地坤☷8
北

說卦傳

帝出乎震。齊乎巽。相見乎離。致役乎坤。說言乎兌。戰乎乾。勞乎坎。成言乎艮。

後天八卦方位圖示

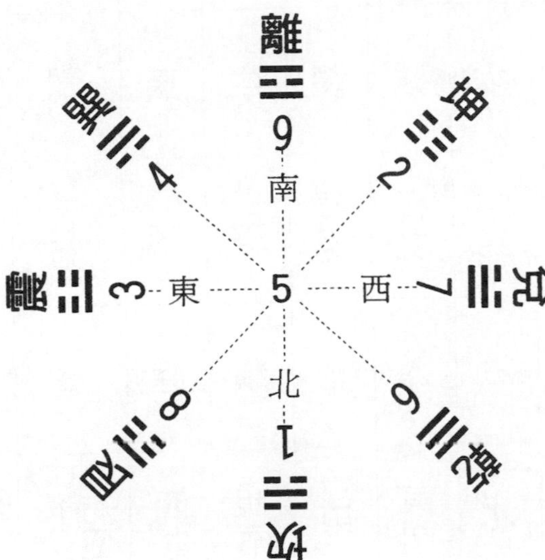

伏羲八卦方位圖又名先天八卦，文王八卦方位圖又名後天八卦。

八卦取象表例

八卦	自然	人身	動物	人倫	卦德	後天方位	先天方位	五行
乾	天	首	馬	父	健	西北	南	金
坤	地	腹	牛	母	順	西南	北	土
震	雷	足	龍	長男	動	東	東北	木
巽	風	股	雞	長女	入	東南	西南	木
坎	水(月)	耳	豕	中男	險	北	西	水
離	火(日)	目	雉	中女	明	南	東	火
艮	山	手	狗	少男	止	東北	西北	土
兌	澤	口	羊	少女	悅	西	東南	金

六十四卦卦象名

上卦＼下卦	乾 天	兌 澤	離 火	震 雷	巽 風	坎 水	艮 山	坤 地
乾 天	乾為天	澤天夬	火天大有	雷天大壯	風天小畜	水天需	山天大畜	地天泰
兌 澤	天澤履	兌為澤	火澤睽	雷澤歸妹	風澤中孚	水澤節	山澤損	地澤臨
離 火	天火同人	澤火革	離為火	雷火豐	風火家人	水火既濟	山火賁	地火明夷
震 雷	天雷无妄	澤雷隨	火雷噬嗑	震為雷	風雷益	水雷屯	山雷頤	地雷復
巽 風	天風姤	澤風大過	火風鼎	雷風恒	巽為風	水風井	山風蠱	地風升
坎 水	天水訟	澤水困	火水未濟	雷水解	風水渙	坎為水	山水蒙	地水師
艮 山	天山遯	澤山咸	火山旅	雷山小過	風山漸	水山蹇	艮為山	地山謙
坤 地	天地否	澤地萃	火地晉	雷地豫	風地觀	水地比	山地剝	坤為地

序卦傳白話解讀

周易卦序，乃依卦之交錯，上經以乾坤坎離四正卦為經緯，以氣為主，象天道的生化法則。下經以震艮巽兑主之，生化育成之形，象人事現象以呼應天道。上經以乾坤始，終於坎離共卅卦，其中二十四卦互為綜卦，而乾、坤、頤、大過、坎、離、六卦反覆不變。下經以咸恆卦開始到既濟未濟卦共卅四卦，其中有卅二卦是互為綜卦，而中孚、小過兩卦，反覆不變。

序卦傳之每一卦相互之間是環環相扣，互為因果，生生不息，週而復始，由其卦序，明瞭宇宙人生發展與變化之現象法則，從其生化之序，作為研究歷史哲學的基礎。

上篇

有天地，然後萬物生焉，盈天地之間者唯萬物，故受之以屯。屯者，盈也；屯者，物之始生也。物生必蒙，故受之以蒙。蒙者，蒙也，物之穉也。物穉不可不養也，故受之以需。需者，飲食之道也；飲食必有訟，故受之以訟。訟必有眾起，故受

之以師。師者，眾也；眾必有所比，故受之以比。比者，比也。比必有所畜，故受之以小畜。物畜然後有禮，故受之以履。履而泰，然後安，故受之以泰。泰者，通也；物不可以終通，故受之以否。物不可以終否，故受之以同人。與人同者，物必歸焉，故受之以大有。有大者不可以盈，故受之以謙。有大而能謙，必豫，故受之以豫。豫必有隨，故受之以隨。以喜隨人者必有事，故受之以蠱。蠱者，事也；有事而後可大，故受之以臨。臨者，大也；物大然後可觀，故受之以觀。可觀而後有所合，故受之以噬嗑。嗑者，合也；物不可以苟合而已，故受之以賁。賁者，飾也；致飾然後亨，則盡矣，故受之以剝。剝者，剝也；物不可以終盡，剝窮上反下，故受之以復。復則不妄矣，故受之以无妄。有无妄，然後可畜，故受之以大畜。物畜然後可養，故受之以頤。頤者，養也；不養則不可動，故受之以大過。物不可以終過，故受之以坎。坎者，陷也。陷必有所麗，故受之以離。離者，麗也。

下篇

有天地，然後有萬物，有萬物，然後有男女，有男女，然後有夫婦，有夫婦，然後有父子，有父子，然後有君臣，有君臣，然後有上下，有上下，然後禮義有所錯。

夫婦之道，不可以不久也，故受之以恆。恆者，久也；物不可以久居其所，故受之以遯。遯者，退也；物不可以終遯，故受之以大壯。物不可以終壯，故受之以晉。晉者，進也。進必有所傷，故受之以明夷。夷者，傷也；傷於外者必反於家，故受之以家人。家道窮必乖，故受之以睽。睽者，乖也；乖必有難，故受之以蹇。蹇者，難也；物不可以終難，故受之以解。解者，緩也；緩必有所失，故受之以損。損而不已必益，故受之以益。益而不已必決，故受之以夬。夬者，決也；決必有所遇，故受之以姤。姤者，遇也；物相遇而後聚，故受之以萃。萃者，聚也；聚而上者謂之升，故受之以升。升而不已必困，故受之以困。困乎上者必反下，故受之以井。井道不可不革，故受之以革。革物者莫若鼎，故受之以鼎。主器者莫若長子，故受之以震。震者，動也；物不可以終動，止之，故受之以艮。艮者，止也；物不可以終止，故受之以漸。漸者，進也；進必有所歸，故受之以歸妹。得其所歸者必大，故受之以豐。豐者，大也；窮大者必失其居，故受之以旅。旅而無所容，故受之以巽。巽者，入也；入而後說之，故受之以兌。兌者，說也；說而後散之，故受之以渙。渙者，離也；物不可以終離，故受之以節。節而信之，故受之以中孚。有其信者必行之，故受之以小過。有過物者必濟，故受之以既濟，物不可窮也，故受之以未濟終焉。

乾卦為天，是天體的運行。坤卦為地，是地球的形體。有了天地，然後產生萬物，充滿在天地之間的就是萬物。所以接著是屯卦，屯卦是盈滿的意思，屯卦是萬物開始產生。萬物剛開始必然蒙昧無知，所以接著是蒙卦。蒙卦是啟蒙的意思，萬物在幼稚階段。萬物幼稚時期不可以不養育，所以接著是需卦。

需卦是飲食的道理；飲食的問題而產生爭訟，所以接著是訟卦。訟卦一定會成群結隊來參與，所以接著是師卦。師卦是眾人結黨；大眾在一起一定會有競爭或親比依靠之事，所以接著是比卦。比卦是比較與競爭的意思。親比之後就會有積畜，所以接著是小畜卦。萬物有積畜富裕起來後就需要推行禮儀制度，所以接著是履卦。大家都遵守禮制就會通達。然後就可以安定，所以接著是泰卦。

泰卦的意思就是通暢；萬物不可能永遠通暢的，所以接著是否塞不通的否卦。萬物也不可能永遠阻滯不通的，所以接著是同人卦。能和他人和睦同心相處，就可以得到萬物的歸附。所以接著是天下人都富有的大有卦。當富有起來後不可以自滿，所以接著是要謙虛的謙卦。能夠富有又謙虛的人，必定是快樂的，所以接著是愉悅的豫卦。快樂又有目標的人，必然會有很多跟隨者，所以接著是隨卦。以喜悅去追隨他人者，沈溺於安樂者，必然

會有事端發生，所以接著是蠱卦。

蠱卦是有事故弊端的意思，然後知道去處理事端，就可以創建偉大事業，所以接著是大事業來臨的臨卦。臨卦的意思是盛大；萬物盛大壯觀之後，就足以受人觀摩學習。可以觀摩參觀就符合眾望所歸，所以接著是合作相合之噬嗑卦。嗑的意思是相合也；萬物不可以只有苟且求合而已，所以接著是修飾的賁卦。賁卦是文飾的意思；經過文飾後就更通達，但過分文飾則會發生弊端，所以接著是剝落的剝卦。剝卦是剝蝕之意；萬物不可能被剝蝕盡，所以必然會回復到原來的開始，所以接著是回復到開始的復卦。回復到正道真實面就不再虛妄了。所以接著是沒有虛假的无妄卦。有了真實不虛妄的覺悟，然後就可以畜集得到更多，所以接著是大大積畜的大畜卦。萬物有了大積蓄後，就可以好好畜養，所以接著是大快朵頤的頤卦。頤卦是養育的意思。沒有畜養就不能行動，所以接著是大過卦，即畜養太超過之意。萬物不可以永遠太超過，所以接著是坎卦。坎卦是陷落的意思。坎陷就會有所攀附來脫困，所以接著是離卦。離卦就是附麗攀附的意思。

下篇 白話解讀

接著下經的部分，由人倫開始，即有了天地，然後產生萬物，有了萬物，然後有男與女兩性之分，有了男女，然後男女互相感應，方能結為夫婦，所以就產生了咸卦，有了夫婦然後生了小孩，便有父子關係，有了很多的父子結合成部落，於是便有國家形成，然後就有君臣體制關係，有了君臣關係，然後就產生上下尊卑之分，有了上下尊卑，然後就建立安排了禮儀的制度。夫婦相處之道，不可以不長久，所以接著產生了恆卦。恆卦是長久之意；萬物不可以永遠不變化其位置，所以就產生了遯卦。遯卦是退避、退隱之意；萬物不可以永遠都在退避，因為退避休養生息久了，就會興盛壯大，所以就產生了大壯卦。萬物不可以只保持著壯大不做事，所以就產生了晉卦。晉卦是前進之意。前進必定會遭受到傷害委曲，所以接著產生明夷卦。夷的意思是傷害。在外面受到傷害就會想回到家裏，所以接著產生了家人卦。

家道困窮時，相處久了，意見會相歧乖離，所以就產生了睽卦。睽卦是乖違的意思。乖違必定會遭遇到災難，所以接著就產生了蹇卦。蹇卦是災難阻難的意思；萬物不可能永遠都在受災難，所以接著產生解卦。解卦是緩解、解除的意思；緩和的解決問題，必然會有所損失，所以接著產生了損卦。損失到了極點，必然在另一方面會有所獲益，所以接著產生益卦。益卦是增加，但不斷的增加，最後會潰決，所以接著產生了夬卦。夬卦是潰決、決退的意思。潰決後必然會有所遇合，所以接著產生了姤卦。姤卦是不期而遇的

意思；萬事萬物相遇以後就會聚集起來，所以接著產生了萃卦。萃卦是聚合、聚集的意思；聚眾便能往上發展，所以接著產生了升卦。一直不停地往上升必然會受困，所以接著產生困卦。遇到上升被困住有困難便會返回下層原點，所以接著產生井卦。井卦是要疏通人事的渠道。井道不能不清理、革新，所以接著產生革卦。能使萬物改變風味的沒有勝過鼎的東西，所以接著產生鼎卦，鼎也是一種祭器，主持祭祖責任的是長子，所以接著產生震卦。震卦也是震動的意思；萬物不可以永遠的在動，還是需要停止的，所以接著產生艮卦。艮卦是停止的意思；萬物不可以永遠都停止不動，所以接著產生循序漸進的漸卦。漸卦是往前進的意思。前進必然要找到歸宿，所以接著產生歸妹卦。

能夠得到良好的歸宿，必然會盛大起來，所以接著產生豐卦。豐卦是盛大、豐富之意；財富太豐大後，必然會變動居所或旅行在外，所以接著產生旅卦。旅行在外，不容易被人接納或與人相處，所以接著產生謙遜的巽卦。巽卦是進入他人心中，被人接受的意思。能夠打入他人內部才能安頓，心裏才會愉悅，所以接著產生了兌卦。兌卦是喜悅的意思；喜悅歡愉過頭便會精神渙散，所以接著產生了渙卦。渙卦是離散、渙離的意思；萬物不可以永遠的離散，所以接著產生了節制的節卦。

有節制以後方可取信於他人，所以接著產生了誠信於中的中孚卦。有了誠信的人必然

行得通，所以接著產生了可以通過、通行的小過卦。能夠超過其他事物的必然能夠達成目標，所以接著產生了圓滿成功的既濟卦。萬物不可能有窮盡的，天道是循環不已的，人事現象也是無窮盡的，所以接著產生尚未完成的未濟卦，意味一個階段的結束，就是另一個階段的開始，生生不息。

說卦傳白話解讀

說卦傳主要是在解釋八卦的創造緣由與依據，說明八卦是構成宇宙人生的基本要素，以八種思維、八大分類的方法，用八種符號來涵蓋一切事物，進而說明八卦所代表的卦德、方位、卦象等。邵子的先後天八卦圖就是以說卦傳為憑而劃出來的。

第一章

昔者聖人之作易也，幽贊於神明而生蓍。

從前伏羲、文王等聖人創作易經，是由於非常用心專注，得到天人感應，似乎有神明暗中來贊助幫忙啟迪智慧，使聖人得到蓍草，利用蓍草的靈性而發明了占筮之術，可以與天地互通信息，達到神明的作用。

參天兩地而倚數，觀變於陰陽而立卦，發揮於剛柔而生爻，和順於道德而理於義，窮理盡性以至於命。

三個奇數1、3、5相加為9，所以陽爻是用九，兩個偶數2、4相加是6，所以陰

爻是用六。天地一切的數字演算都依據參天兩地來確定。例如3的兩次方（參天兩地）為9，即是九宮的確立。2的3次方（兩地參天）為8，即是八卦的由來。9乘8為72，即是人體脈搏跳動平均72下。還有一年分為72候。若再將72之數乘3得216與72之數乘2得144相加起來為360之數，為一年之數或一圓周之數。如此這般參天兩地的推演，可以發現天地之數的奧祕。

觀察宇宙的事物變化都是陰陽相對待，例如日夜、明暗、成敗、福禍、生死、男女等，於是設立了卦，依其剛柔的活動來發揮其陰爻或陽爻。

和諧地順從道德規範與自然的規律與功能，用智慧去整理使合於正當又適宜，並進而窮究事理，以誠意正心去格物致知，探求萬物的本性，直到可以掌握自己的命運為止。

第二章

昔者聖人之作易也，將以順性命之理。是以立天之道，曰陰與陽；立地之道，曰柔與剛；立人之道，曰仁與義；兼三才而兩之，故易六畫而成卦。分陰分陽，迭用柔剛，故易六位而成章。

以前聖人作易經，是順著萬物的本性和其天命自然的規律道理而作的。確立了天道的

法則是陰與陽，確立了地道的法則是柔與剛；確立了人道的法則是仁與義；於是將兩卦一重含兼三才，就產生了六爻卦。也有了陰與陽之分，例如初爻、三爻、五爻為陽位，二爻、四爻、上爻為陰位，如果陰爻居陰位，陽爻居陽位，就是既濟卦䷾，除了乾坤兩卦以外，其他62卦皆是交替使用陰陽爻而成卦。

第三章

天地定位，山澤通氣，雷風相薄，水火不相射，八卦相錯。數往者順，知來者逆，是故易，逆數也。

乾卦為天，代表時間，坤卦為地，代表空間。時間與空間都確立了，就是天地定位。艮卦為山，兌卦為澤，為湖泊、海洋。兩者的氣是互相交流的。例如海洋的水蒸發上升到高山，山上降雨又流回到海洋。還有冬季吹著大陸性季風，夏季吹著海洋性季風。甚至從涵洞滲透的水以及山水相戀，水道依山勢而走等，都可以體會到山澤通氣。

震卦為雷、為雲，巽卦為風。雷聲一動就會產生氣流，風勢又再傳播助長雷聲。從上空俯看雲海氣浪的飄動也能體會到雷風相薄。或雷雨交加的夜裏，更能顯示出氣流的相互激盪搏擊。

坎卦為水、為月，離卦為火、為日。日月是不會互相照射的。水的性質是往下，火的性質是炎上，也是不相往來的。但水與火是不相融，相剋的，卻不相厭倦。因為有時候水火需要相互利用調和。

八卦彼此之間也不是孤立的，而是相互之間錯綜複雜，互相影響、變通。例如乾與坤、艮與兌、震與巽、坎與離都是屬於「錯卦」，相互旁通，它們在各爻的陰陽爻都是相反的。邵子的先天八卦圖，就是依此而畫成。

了解過去的事，都是從其因推到果，順著發展過程，一一道來，所以說數往者順。至於要推算未來的事，則往往從預設的目標、結果，逆推發展過程之演變。由果逆推到因，也就是說知來者逆。所以說，易道是逆數的。要預知未來，則需要以神奇的數字卦象演算其吉凶。易數主逆，從未濟卦泰卦便可得知。未濟卦上卦為水，下卦為火。水性本當在下，火性本當在上，結果反而是各爻正位相應而得既濟圓滿之卦。同理，泰卦的上卦是地，下卦是天。地本當在下，天本當在上，結果反而是泰卦通達之象。因為天地交泰、水火相濟，所以從卦象來看，就可知易道是理順數逆交相為用。儒家修身哲學是反求諸己，三省吾身。道家練氣的反生道理，也都是逆數的道理。武器彈道逆時鐘螺旋也是逆數之應用發明，人體排尿也是逆時鐘方向射出，電風扇轉動亦是逆轉。在經濟循環活動及股票市

場往往也是逆操作得勝。所以，在森羅萬象的事物中，都可以發現逆數的道理。

第四章

雷以動之，風以散之，雨以潤之，日以烜之，艮以止之，兌以說之，乾以君之，坤以藏之。

從自然現象的作用而言，震卦象徵雷，其作用為「動」，即是振作萬物，鼓舞萬物。巽卦象徵風，其作用為舒通氣流，散播萬物。坎卦象徵雨水，其作用是滋潤萬物。離卦象徵太陽，其作用是照耀或曬乾萬物。艮卦象徵山，其作用是阻止氣流，使停止或改變方向。兌卦象徵湖泊，其作用是使萬物喜悅愉快。乾卦象徵天為君，其作用是君臨萬物，主宰一切。坤卦象徵大地，其作用是承載包容萬物。

第五章

帝出乎震，齊乎巽，相見乎離，致役乎坤，說言乎兌，戰乎乾，勞乎坎，成言乎艮。萬物出乎震，震，東方也。齊乎巽，巽，東南也；齊也者，言萬物之絜齊也。離也者，明也，萬物皆相見，南方之卦也；聖人南面而聽天下，嚮明而治，蓋明諸此

也。坤也者，地也，萬物皆致養焉，故曰致役乎坤。兌，正秋也，萬物之所說也，故曰說言乎兌。戰乎乾，乾，西北之卦也，言陰陽相薄也。坎者，水也，正北方之卦也，勞卦也，萬物之所歸也，故曰勞乎坎。艮，東北之卦也，萬物之所成終而成始也，故曰成言乎艮。

造化者是從震卦出發，震卦在太陽升起的東方，震為雷，大地一聲雷喚醒了地底下的種子開始發芽，蟲類冬眠醒過來。此時值春分時候。接著禾苗整齊的生長，大地綠油油的一片，是為齊乎巽。此時值春末夏初。方位在東南方。萬物在這個時候皆到齊完備了。

相見乎離，離卦正值夏天，萬物最活躍時刻，彼此間也互動多。古代操兵演練也都在夏天來相見。離卦的方位在南，太陽照耀最充足，是最亮麗光明的方向，所以聖人向南面而治理天下，即嚮明而治也。看得最清楚，所謂帝王坐向是指坐北向南。

致役乎坤，坤為大地，孕育萬物，以季節來說是夏末秋初之間，以方位來說，坤卦是代表西南方，以一天的時間而言，代表下午一點至五點之間。

說言乎兌，兌卦值秋天時節，秋天果實的收成，滿心喜悅，萬物皆高興有那麼多的糧食。以方位來說，是代表西方，以一天的時間而言，是在下午五點到七點的酉時。

戰乎乾，乾卦的方位在西北方，正值秋末冬初，時令陰陽氣交戰的時節，俗稱：「秋

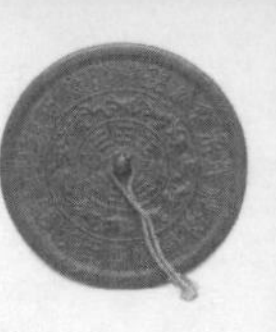

老虎」。身體內部要與大自然交戰，戰敗者便容易生病。古代農業社會的戰爭，也大都發生在秋收過後，不影響農作，勝利一方也可以掠奪他國的糧食。處決犯人的秋決，也是在這個時候。以一天的時間而言，代表下午七時至十一時的戌亥兩個時辰。

勞乎坎，坎卦代表水，流水不舍晝夜，是勞苦之象。在方位而言，代表北方，為一年的冬天，以一天時間而言，代表晚上十一點至次日清晨一點的子時。也是萬物休息的時間。

成言乎艮，艮卦的方位在東北方，艮卦代表山，山有兩面，艮卦象徵停止，所以艮卦是一個循環的結束，也是另一個循環的開始。因先天八卦為震卦之位，震為始。換言之，是一年或一天的結束，也是另一年或另一天的開始。於是說，事物週期是完成於艮卦。以一年而言，值十二月和正月，十二月為一年之終，正月為一年之始。以一天而言，值早上一點至五點丑寅兩個時辰。艮卦是萬物的結束也是開始。

第六章

神也者，妙萬物而為言者也。動萬物者莫疾乎雷，撓萬物者莫疾乎風，躁萬物者莫熯乎火，說萬物者莫說乎澤，潤萬物者莫潤乎水，終萬物始萬物者莫盛乎艮。故水

火相逮，雷風不相悖，山澤通氣，然後能變化，既成萬物也。

所謂神與妙，就是在讚歎乾坤，天地的變化生成作用那麼神奇與奧妙而說的。接著才說其他六個卦，至於震卦象徵雷，最大的動，沒有比雷更迅速激烈的。巽卦象徵風，最能搖動彎曲萬物的，沒有比風更快速厲害的。離卦象徵太陽，最大的乾燥力量，沒有比太陽的火更燥熱了。兌卦象徵澤，湖泊能澆灌使得萬物喜悅，美麗的湖泊，也令人賞心悅目。坎卦象徵水，水能滋潤大地，沒有比水更偉大的。艮卦象徵山，能夠使萬物終結又同時使萬物開始的，就是偉大的山。所以說，水與火是互相作用的，萬物皆在相剋中相生，相生中相剋，有相生也有反生，有相剋也有反剋。同樣雷與風是不背離而是互相觀摩的。山與澤是互相貫通氣息的。就是如此，萬物才能產生變化，而成就了萬物。

第七章

乾，健也；坤，順也；震，動也；巽，入也；坎，陷也；離，麗也；艮，止也；兌，說也。

本章節是以卦德而言，將自然現象轉化為人事。乾卦象天，天體的運行是不息，故乾卦的卦德為剛健。坤卦象地，地道是順從天道的，故坤卦的卦德為順。震卦象雷，雷為震

動萬物，故震卦的卦德為動。巽卦象風，風是無孔不入的，故巽卦的卦德為入，意謂人要謙遜才能進入對方心中。坎卦象水，水往低陷處流，故坎卦的卦德為陷。離卦象日，太陽光照耀萬物而亮麗，故離卦的卦德為麗。艮卦象山，山體始終靜止不動，故艮卦卦德為止。兌卦象澤，湖澤是萬物喜歡接近的地方，故兌卦的卦德為悅。

第八章

乾為馬，坤為牛，震為龍，巽為雞，坎為豕，離為雉，艮為狗，兌為羊。

依近譬遠喻，八卦配動物之象，乾卦象徵馬，馬能健行是也。坤卦象徵牛，牛性溫順服從。震卦象徵龍，龍是善於動作，變化活躍。巽卦象徵雞，司晨的雞可以號令天下，因巽卦也是代表號令，巽卦二陽一陰，象徵有翅膀而飛不上天的動物，就是雞。坎卦象徵豬，豬為亥水，豬喜在泥陷之地打滾。卦象是陰爻在初爻和上爻，中爻為陽爻，依據陽爻為硬物，陰爻為軟物，象徵豬的形體外表肥肥的。離卦象徵雉鳥。離卦性質為亮麗，雉鳥羽毛美麗是也。艮卦象徵狗，艮卦性質為止，看門狗能使人停止是也。依艮卦之卦象為外剛內柔（二陰爻在內，一陽爻在外）。有外強中乾之象。兌卦象徵羊，羊是溫柔的。依卦象陰爻在外，兩陽爻在內，代表外柔內剛的羊。

第九章

乾為首，坤為腹，震為足，巽為股，坎為耳，離為目，艮為手，兌為口。

依近取諸身，八卦象徵人體部位而言，乾卦象徵頭，因乾為天君、在上方最剛健，卦象是三個陽爻。坤卦為地，能容納包藏萬物，故坤卦代表人體的腹部。震卦為動，象徵人體的腳。巽卦為謙遜、卑順，象徵人體的股。卦象而言兩陰爻在下方，有大腿之象。坎卦為陷，人體耳朵形狀深陷狀。耳形狀也像坎卦之象。離卦象徵眼睛，陰爻在中間，象徵黑眼珠。艮卦象徵止，手勢能表示停止，故艮為手。兌卦為口，兌卦之上爻為陰爻，代表嘴巴開口，兌為悅，美言能讓人喜悅。

第十章

乾，天也，故稱乎父；坤，地也，故稱乎母。震一索而得男，故謂之長男；巽一索而得女，故謂之長女；坎再索而得男，故謂之中男；離再索而得女，故謂之中女；艮三索而得男，故謂之少男；兌三索而得女，故謂之少女。

以八卦象徵人倫系列而言；乾卦象天，所以代表父親，表示父親要像天一般的剛健自強不息，努力工作照顧家庭。扮演嚴父的角色。坤卦為地，象徵母親，母親要像大地一般

的慈祥，扮演慈母的角色。震卦是由坤卦向乾卦求得一陽爻而成，所以說父母親初次相交求得的是陽爻者稱為長男。初次相交求得陰爻者稱為長女，是為巽卦。巽卦陰爻在下也。依次再求便得中男，陽爻在中爻為坎卦。陰爻在中爻為離卦，代表中女。陽爻在上爻為艮卦，代表少男。陰爻在上為兑卦，代表少女。

第十一章

乾為天，為圜，為君，為父，為玉，為金，為寒，為冰，為大赤，為良馬，為老馬，為瘠馬，為駁馬，為木果。

乾卦的廣象為天，圓形物，國君或天子，或是人之心，因心為人之主宰。為父親、一家之長，為冰潔的玉石，依季節而言，乾卦為秋末冬初，故為寒、為冰。乾卦三爻皆陽，為盛陽之大紅色。象徵馬而言，為健行的良馬，因時間年歲變化，成為老馬、瘦馬，或是雜色紋彩的駁馬，長在樹上圓形成熟的水果稱木果。

第十二章

坤為地，為母，為布，為釜，為吝嗇，為均，為子母牛，為大輿，為文，為眾，

為柄，其為地也為黑。

坤卦的廣象為大地，大地孕育萬物，故坤為萬物之母，於人為母親，坤德性柔順，故為布，可包容之意，坤卦滋養萬物，故為釜鍋煮物養人。節約、內歛為吝嗇，大地無私載，故為均，平均公平之意。坤為牛，而有小母牛與老母牛，代表生生不息，又後天八卦位為坎，為子，即子母牛。以車子而言，因坤為中空包容一切，是為大車子，因大地有美麗的山水植物，故為文有文采也。坤地生長眾多的萬物，故為眾，群眾之意，大地掌握萬物，故為柄，有權柄之意。即為地，純陰，因地在下，所以是陰暗的黑色，地洞底下也是深不可測的黑。

第十二章

震為雷，為龍，為玄黃，為旉，為大塗，為長子，為決躁，為蒼筤竹，為萑葦；其於馬也為善鳴，為馵足，為作足，為的顙；其於稼也為反生，其究為健，為蕃鮮。

震卦的廣象為雷，象徵變化莫測，故為龍，震卦為天地相交相合，天玄地黃，故為玄黃色，因雷聲傳播廣遠，故為旉，展開擴展之意，或百花齊放之意。象徵大馬路，於人倫系列而言，是為長子，因打雷急躁迅速，故為決躁，為青色之蒼筤竹，為蘆狄之萑葦，其

於馬也是為聲音宏亮善鳴的馬，或為跑得快的作足馬，或為額頭是白毛的顙。在農作物而言，為生長在地下的山藥、馬鈴薯、地瓜等。其實到最後是剛健的乾卦，因長子升格為父親，因震卦為萬物萌芽期，終究會茂盛鮮綠也。震卦在東方，東方人口多，藩鮮之地也。

第十四章

巽為木，為風，為長女，為繩直，為工，為白，為長，為高，為進退，為不果，為臭；其於人也，為寡髮，為廣顙，為多白眼，為近利市三倍；其究為躁卦。

巽卦的廣象為木，木本身就可以曲直，為無孔不入的風，在人倫系列而言，是為長女，以木器製作而言，從繩可以量木取直，故為墨斗的繩直與為工匠，因風是無色，故為白，木可以長高又長，故為長，為高。風吹進退方向不定，故為進退。因巽卦初爻為陰，(巽下斷)，故為不圓滿之果實，例如香蕉、茄子之類，曰不果。風吹傳送臭味，故為臭，對人而言，為稀少頭髮或禿頂之寡髮，為高廣額頭之聰慧相，故為廣顙，為四白眼或下三白、上三白之多白眼。因像一陣風吹過的流行時尚，故為近利市三倍，獲利多之意也，其最後的變化是由謙卑順從變為剛動急躁的震，故為躁卦。

第十五章

坎為水，為溝瀆，為隱伏，為矯輮，為弓輪；其於人也，為加憂，為心病，為耳痛；為血卦，為赤；其於馬也，為美脊，為亟心，為下首，為薄蹄，為曳；其於輿也為多眚；為通，為月，為盜；其於木也為堅多心。

坎卦的廣象為水，水是在坑渠中流，故為溝瀆，水也是流在低陷的地方，故為隱伏，危險之意，水至柔至剛，水的力量可將東西曲或直，滴水都可穿石，故為矯輮，水的漩渦似弓或輪，故為弓輪，其於人而言，為憂慮煩惱，故為加憂，為心病，坎象為耳，腎開竅於耳，故為耳痛，坎為水，人體的血液似流水，故為血卦，血為紅色，故為赤，其於馬而言，是為有美背脊之美脊，為心急懶惰之亟心馬，為低頭喪氣之下首馬，為馬蹄磨薄之薄蹄馬，為肯拉車之馬，故曰曳，其於車子而言，是車子陷下去有災難。水流通象，故為通，月為水精，故為月，像隱伏的盜賊，為堅實木心之木。

第十六章

離為火，為日，為電，為中女，為甲冑，為戈兵；其於人也為大腹，為乾卦，為鱉，為蟹，為蠃，為蚌，為龜；其於木也為科上槁。

離卦的廣象為火，為太陽，為閃電，在人倫系列而言，為中女，因卦象離中虛，上下兩個陽爻，象徵盔甲之甲冑，為持兵器之衛士，故為戈兵。在人而言，象徵大腹便便之大腹，或為孕婦，因離卦為火、太陽，最能夠乾燥萬物就是火與太陽，故為乾卦，至於有堅硬外殼形狀似離卦者如鱉、蟹、甲蟲之蠃、蚌、龜。其於木而言，中間空之枯木，稱為科上槁。

第十七章

艮為山，為徑路，為小石，為門闕，為果蓏，為閽寺，為指，為狗，為鼠，為黔喙之屬，其於木也為堅多節。

艮卦的廣象為山，一陽在上，象天，二陰在下象地，地高起天際，故艮為山，也為小路，或為小碎石子，也似門樓之開闢，為結實纍纍之果實，如葡萄、草莓之類，故為果蓏。艮為止，為門，故為守衛警衛之閽寺。艮為山，五根手指象山，手勢可表示停止，故為指，狗能止盜、看門，故為狗，老鼠牙齒似艮卦之象，上爻為陽爻，老鼠上牙尖銳，故為鼠，為黑色鳥嘴之類，故為黔喙之屬。亦為多節而堅硬的樹木。

第十八章

兌為澤，為少女，為巫，為口舌，為毀折，為附決；其於地也，為剛鹵；為妾，為羊。

兌卦的廣象為澤，湖泊、水庫、海洋之意，在人倫系列而言，是為少女。為女巫，為口舌，因兌卦在季節而言屬於秋天，秋天萬物蕭條，葉落紛紛，故為毀折。湖澤聚水但又有決堤之勢，故為附決。其於地而言，為底部堅硬帶鹹土之湖池，故為剛鹵。兌為少女，聯想到年輕美妾，故為妾。兌卦為外柔內剛之象，聯想到動物是羊，羊外型似溫柔可愛，故為羊。

雜卦傳白話解讀

乾剛坤柔，比樂師憂；臨觀之義，或與或求；屯見而不失其居，蒙雜而著；震，起也，艮，止也；損，益，盛衰之始也；大畜，時也，无妄，災也；萃聚，而升不來也；謙輕，而豫怠也；噬嗑食也，賁无色也；兌見而巽伏也；隨无故也，蠱則飭也；剝，爛也，復，反也；晉，晝也，明夷，誅也；井通而困相遇也；咸，速也，恆，久也；渙，離也，節，上也；解，緩也，蹇，難也；睽，外也，家人，內也；否，泰，反其類也；止壯則止，遯則退也；大有，眾也，同人，親也；革，去故也，鼎，取新也；小過，過也，中孚，信也；豐，多故也，親寡，旅也；離上，而坎下也；小畜，寡也，履，不處也；需，不進也，訟，不親也；大過，顛也；姤，遇也，柔遇剛也；漸，女歸待男行也；頤，養正也；既濟，定也；歸妹，女之終也；未濟，男之窮也；夬，決也，剛決柔也，君子道長，小人道憂也。

雜卦傳雖雜，但不失其序，乃依錯綜之卦，錯綜其義，或以性質相反來歸其類，一彼一此，辭簡意深，將六十四卦卦義歸納之，以一字或數字道出其另一深層精義，此乃孔子

研易融會貫通所做之文章。實乃是習易者最必要研讀的部分，亦為占易之要。

乾卦為宇宙、時間，是剛健的，坤卦是大地、空間，順承天體太陽系的運行，它是柔順的。比卦為親比，所以是快樂的。師卦為戰爭，所以是令人擔憂。臨卦與觀卦，雙方有時候要付出、給與，有時候則需要求對方，猶如老闆與員工雙方的對待關係一樣。屯卦是初露頭角，不可以不安定，失去住所、根據地。蒙卦為啟蒙，方法是因材施教，方法繁雜，但效果則是顯著的。震卦是陽氣發動，開始起而行的意思。艮卦，則是行動的停止。損卦與益卦，則是盛衰的開始，損極則益，益極則損，捨也是得。大畜卦是時機佳，宜把握之。无妄卦，是難免有時會遭受無妄之災。萃卦是會聚、聚合之卦。而升卦則是往上升了以後，就下不來了。謙卦是看輕自己，不自負的意思。而豫卦是歡樂會使人懈怠。噬嗑卦是飲食的象徵。賁卦是本來真實的顏色，不需要太華麗。兌卦是喜悅表現在外，而巽卦是謙遜隱伏在內。隨卦是沒有懷著特別理由去跟隨他人。蠱卦則是要整頓弊端。剝卦是像果實朽爛了。復卦是返回之意。晉卦是白天光明的時代。明夷卦是黑暗時代有可能被誅滅。井卦是順通之意，而困卦則是遇到阻礙。咸卦是感應迅速。恆卦是維持長久。渙卦是離散。節卦是要有節制，適可而止。解卦是緩解。蹇卦是遭遇險難。睽卦是乖離，心已向外。家人卦是和樂融融相聚在內。否卦與泰卦，它們的性質是相反的，否是阻塞，泰是通

達。大壯卦則是需要自我約束，勿得意忘形，要停止之。遯卦則是逃避、隱退下來。大有卦是擁有眾多的人心及物質。同人卦是彼此與他人親近。革卦是除去故舊事物。鼎卦是採取新的事物。小過卦是越過了。中孚卦是誠信於中。豐卦是多事物也多故舊的事物，蓋豐盛則多事，豐盛則舊友多。旅卦是出門在外親友少。離卦為火，火的性質是炎上。坎卦為水，水性則往下而流。小畜卦是少許積畜。履卦是行進不再停留了。需卦是需要等待，不要前進。訟卦是爭訟，當然就不親和了。大過卦是太超過而顛覆傾倒之意。姤卦是不期而遇，陰遇到陽，邂姤也。漸卦是女人出嫁，必須循序漸進，等待男方依禮來娶。頤卦是正當的保養、補給。既濟卦是成功、圓滿、完成、安定。歸妹卦是女人找到終身的歸宿。未濟卦是沒有成功，也是說男人行到窮途末路，尚未顯達。夬卦是快快的決斷，以陽剛將陰柔決斷之，該斷不斷，則會反受其亂，所以要果決。以君子作風處世，則正義得以伸張，以小人作風處世，則會憂愁苦惱。當君子之道成長，則小人之道就會受困憂悶了。

乾文言白話解讀

文言曰：元者，善之長也；亨者，嘉之會也；利者，義之和也；貞者，事之幹也。君子體仁，足以長人；嘉會，足以合禮；利物，足以和義；貞固，足以幹事；君子行此四德者。故曰：乾，元亨利貞。

文言傳是孔子特別解釋乾、坤兩卦，更進一步闡釋乾坤兩卦的彖辭與象辭。因為乾坤兩卦是六十四卦的根本，也是進入易經的敲門磚。因此才說只要把乾坤兩卦搞清楚，就可思過半矣！

首先分析乾卦的四德：元、亨、利、貞。元，是一切萬物的根元，即萬物的創始，一切的源頭開端，是眾善之首要條件，一切的開始一定要周詳完備，有好的開始才是成功的一半，這就是「元」。

亨，是使一切事物能流暢，本身要具備足夠的能力，才能使其流暢，不論是表達的流暢，或事物安排的流暢，都是使最美好的彙集起來。因為流暢，才能通達，將它擴散分布出去，跟大家分享美好的事物，所以說亨是通達。

利，是使一切事物能各得其宜，各得其所，適才適用，各個皆能發揮其長，讓生命之間有互相接軌，彼此相處運作起來是和諧祥和而有利。

貞，是處世應落實在純正、用心、恆常、固定，也就是說處世的根本態度要端正，行事才能穩固，而且還要持之以恆，才能達到「貞」的德性。

君子能夠體認仁德，有仁心愛物，才足以領導人，長育人；要能夠使一切美好的事物彙集，又在言行中能夠融會貫通，才足以成為合乎禮儀的規範。除了利己以外還要利他，能夠使萬物都能夠得到利益，才足以達到各得其宜而和諧有利。要能夠守住正道而堅固，才足以委以重任成就大事。追求德行修養的君子能夠實踐這四種善德。所以說：乾，元亨利貞。

初九曰：潛龍勿用。何謂也？子曰：龍德而隱者也。不易乎世，不成乎名，遯世无悶，不見是而无悶，樂則行之，憂則違之，確乎其不可拔，潛龍也。

初九爻說：「潛龍勿用」是什麼意思呢？易經乾卦六個爻分別代表六個時期的作為，乾卦以龍為象徵，龍代表君王、君子、領導者、有作為的人。所以這個爻是說，有德性的領導者在潛伏期是會隱伏起來，不被人看見的，他也不會隨波逐流，被世俗同化，所以不會去追求虛名。過著隱居生活卻也不會苦悶。縱使自己的主張不被接納也不會不高興。若

其主張能被接受，就快樂的去執行推動。反之，若他人有所擔憂疑慮時，就擺脱掉，退而去之，以避患也。他的志行信念是非常堅定而不會被改變的。這是有作為的人在潛伏期應持的態度。

九二曰：見龍在田，利見大人。何謂也？子曰：龍德而正中者也。庸言之信，庸行之謹，閑邪存其誠，善世而不伐，德博而化。易曰：見龍在田，利見大人，君德也。

有德行的領導者在第二爻萌芽期的態度是如何呢？九二的爻辭是說：有德行的領導者秉持著純正中庸的原則，以誠信待人，平常説話都有守信，行為也都很謹慎，同時要防止邪念產生，時時心存真誠、老實與他人結合而立足。若有善行對世人有貢獻也不誇耀。以廣博的德行來感化一切。易經上說：「龍出現在田野土地上，類似種子萌出地面，這個時候是有利於見到偉大的貴人，所以言行舉止要真誠方能立足，這是有德行有作為的人此時期應持的態度。」

九三曰：君子終日乾乾，夕惕若，厲無咎。何謂也？子曰：君子進德修業。忠信，所以進德也；修辭立其誠，所以居業也。知至至之，可與幾也；知終終之，可與存義也。是故居上位而不驕，在下位而不憂。故乾乾因其時而惕，雖危，无咎矣。

九三爻是在成長時期，君子應勤奮充實自己，毫不懈怠，連晚上都還保持著戒慎的樣子，雖然處在危險中，但也不會有災害。這是怎麼說呢？孔子說：「君子要增進品德建立功業，必須講求信用並盡忠職守，這都是為了增進品德；同時發言時必須修飾言辭，也要建立誠信。這是為了建立事業。知道時機何時來臨，就要專注努力預作準備等它到來，也就是要洞燭先機。知道時勢將何時會終止，就要欣然接受它的終止，這樣才可以保存正當合宜的行為。所以，處在領導地位時，也不會驕傲，處在下屬位置時也不會憂忿。因而能夠努力不懈，因應時勢，隨時警惕自己，如此一來，雖然是處在危險狀態中，也不會有任何災咎了。

九四曰：或躍在淵，无咎。何謂也？子曰：上下无常，非為邪也；進退无恆，非離群也。君子進德修業，欲及時也；故无咎。

九四爻的爻辭是說：「或往上位躍升，或再處居下位，不會有災難。」這是什麼意思呢？孔子說：「在上位或在下位，沒有一定的，只要不是心術不正或有邪念的動機就好；人生事業要前進或是後退也沒有一定的規律，但不可離開群眾。君子應及時地努力進德修業才是，這樣做才不會有災難。」

九五曰：飛龍在天，利見大人。何謂也？子曰：同聲相應，同氣相求。水流濕、

火就燥，雲從龍、風從虎；聖人作，而萬物睹！本乎天者親上，本乎地者親下，則各從其類也。

九五爻的爻辭說：「飛龍在天，適宜見大人。」這是什麼意思呢？孔子說：「頻率相同的事物會互相感應與吸引，就是同聲相應，同氣相求。水的性質是流向低濕處，火的力量是往乾燥處燃燒，雲朵跟隨著龍浮飛，風跟隨著虎而飄動，虎虎生風；聖人的作為，使得萬物也跟著感應啊！因而，以天為本的事物就會向上親近發展，以地為本的事物，就會向下親近，這就是萬物都各依其類別，同類相聚的自然法則。

上九曰：亢龍有悔。何謂也？子曰：貴而无位，高而无民，賢人在下位而无輔，是以動而有悔也。

上九爻的爻辭說：「亢龍有悔。」這是什麼意思呢？孔子說：「雖然地位崇高尊貴，但已失去了職位，同時也脫離了群眾，雖有賢明的下屬，但也無法得到他們的輔佐。所以，在這個時期，宜靜不宜動，若要有任何行動，絕對是不利的，反而會遭致懊悔。

潛龍勿用，下也；見龍在田，時舍也；終日乾乾，行事也；或躍在淵，自試也；飛龍在天，上治也；亢龍有悔，窮之災也；乾元用九，天下治也。

初九潛龍勿用，是因居最下位，地位低，不發生作用，不可以有所作為。九二見龍在

田，是因時機剛萌芽，需要等待，順勢而為，步步為營。九三終日乾乾，是要自強不息，勤奮不已，敬業而為。九四或躍在淵，是往上發展或留在原處，宜檢視自己的能力與目標。九五飛龍在天，是說已功成名就，獲得上位，可以治理人民，施展抱負。上九亢龍有悔，是說自己所處的位置太高亢，高處不勝寒，物極必反，因滿而招損，若有行動，極易動輒得咎而生懊悔。乾元用九，是說應當依客觀環境變化，來應用乾卦陽氣，做到剛柔並濟，則天下太平。

潛龍勿用，陽氣潛藏；見龍在田，天下文明；終日乾乾，與時偕行；或躍在淵，乾道乃革；飛龍在天，乃位乎天德；亢龍有悔，與時偕極；乾元用九，乃見天則。

潛龍勿用，是說陽氣處於潛伏期，所以君子勿用。見龍在田，是陽氣處於萬物萌芽，欣欣向榮時期，所以利於拜訪貴人。終日乾乾，是陽氣處於成長時期，所以君子要勤奮，自強不息，趕上時代。或躍在淵，是陽氣處在茁壯時期，準備要變革了，或往上躍升轉型，或留在基層。飛龍在天，是陽氣處在極盛時期，處居九五至尊之位，可以施展天德，執行偉大的抱負。亢龍有悔，是陽氣處於盛極而衰時期，陽氣已經走到了極端，而有所懊悔。乾元用九，是說要掌握陽剛各個時期的法則，所謂群龍無首，是應用陽剛變化的法則，各司其職，勿強出頭。

乾元者，始而亨者也；利貞者，性情也。乾始，能以美利利天下，不言所利，大矣哉！大哉乾乎！剛健中正，純粹精也；六爻發揮，旁通情也；時乘六龍，以御天也；雲行雨施，天下平也。

乾是創始萬物的，一開始便亨通暢達。「利貞」，是就萬物的內在本性與外現的感情而言的，天是創始萬物，又能夠以最美滿有利的狀態來普施於天下，卻不說是自己施予的。真是偉大啊！天實在太偉大了啊！剛強、健實、適宜、正當，天就是這般純粹專精陽剛之氣。六爻依時位變化運行，能向外貫通萬物的真情本性，隨著時序，騎乘著六條龍，駕馭天體的運行法則。雲層猶如有規律的程式在流動，而降下雨水於大地，使得萬物能和諧地生長，風調雨順天下太平。

君子以成德為行，日可見之行也。潛之為言也，隱而未見，行而未成，是以君子弗用也。

君子以完成品德的修養為修行的目標，在平常的行為中表現出來。初九，潛的意義，是說道德修養隱藏起來，因為不得其時，行動也顯露不出來，所以君子不能發揮作用，故不用也。

君子學以聚之，問以辯之，寬以居之，仁以行之。易曰：「見龍在田，利見大

人」，君德也。

君子要努力做學問以聚積智識，多發問向人請教，才能明辨是非。處世要寬厚，並以仁愛慈悲做為行為的準則。易經說：「見龍在田，利見大人，」是說君子已表現他的意志在基礎上，有利於見到貴人。這是具備領導者的德行。

九三重剛而不中，上不在天，下不在田，故乾乾因其時而惕，雖危无咎矣。

九三是陽爻居陽位（第三爻的位置），是為重剛，即太過剛強，因為九三爻是下卦的最上一爻，不處在中爻之位，再以六爻卦位之天地人三才而論，第三爻不在天之位，也不在地之位。所以，處在此時期要隨時保持警惕戒慎，雖然危險，也就不會有災咎。

九四重剛而不中，上不在天，下不在田，中不在人，故或之。或之者，疑之也，故無咎。

九四爻為上卦之初爻，不在中爻之位，以六爻天人地三才之位而論，往上不在天之位往下又不在地之位。雖居人之位，卻也在人之位的最高位，所以也是中不在人。因而產生不安定的狀態，有所疑惑未決的樣子，這是「或之」的意思，有疑惑而沒採取行動是不會有災害的。

夫大人者，與天地合其德，與日月合其明，與四時合其序，與鬼神合其吉凶。先

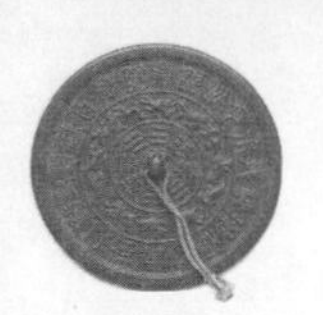

天而天弗違，後天而奉天時。天且弗違，而況於人乎？況於鬼神乎？

大人的德行是和天地的功能相合，和日月的光明相合，和四時的秩序相合，和鬼神的善惡吉凶報應相合。大人在行動作為之初，必符合天的法則規律，天就不會違逆他。他的行動是遵循天的時序規律，因而天就不會違逆他。天的法則程式都不會違逆他，何況是我們一般人呢？何況是和因果吉凶報應的鬼神呢？

亢之為言也，知進而不知退，知存而不知亡，知得而不知喪。其唯聖人乎！知進退存亡，而不失其正者，其唯聖人乎！

「亢」的意思，是說只知道前進而不知道退守，只知道生存而不知道滅亡，只知道獲得而不知道喪失。能夠做到的大概是聖人吧！知道前進、退守、生存、滅亡的道理，執行起來不會迷失自己又不偏離正道，難道只有聖人才能達到的嗎？

坤文言白話解讀

文言曰：坤，至柔而動也剛，至靜而德方，後得主而有常，含萬物而化光。坤道其順乎！承天而時行。

坤卦是純陰，六爻皆陰，坤為地，即大地的法則，用陰柔的法則。坤是極柔的，但行動作為起來卻非常剛強，至柔至剛也，例如大地之母養育萬物是那麼剛強。坤是極靜的，但它的功能德行卻能遍及四方，而又那麼的方正有原則。坤是先迷而後得主，它是隨從主人，自謙而居於後，是遵守有主從之間關係之倫常。能夠包容萬物，又能培育萬物生長，並使萬物廣大的欣欣向榮。大地的法則是那麼柔順，其實它是隨著天的時序來運行，生養萬物的，並使其生生不息，永不中止。

積善之家，必有餘慶；積不善之家，必有餘殃。臣弒其君，子弒其父，非一朝一夕之故，其所由者漸矣，由辯之不早辯也。易曰：履霜，堅冰至。蓋言順也。

坤卦的初六爻曰：「履霜，堅冰至，」意即腳踏到霜時，就要知道冰寒的冬天要到來了。做人做事貴在洞燭機先，又能防微杜漸。

有積善行的人家，一定會有多餘的吉慶，善有善報也；如果積惡行的人家，也一定會有多餘的災殃，報應自身或禍及子孫。臣子殺君王，兒子殺父親，都不是一時的偶然，而是由小怨到大怨逐漸累積形成的，所以若沒有事先辨別是非及早處理則禍害就會變大，這是必然會發生的。所謂——「冰凍三尺，非一日之寒。」

直，其至也；方，其義也。君子敬以直內，義以方外，敬義立而德不孤。直方大，不習無不利，則不疑其所行也。

大地產生萬物的法則是直接的，正直而直率的模式。又能遍及四方，做出最適當的表現，使萬物各得其宜。君子效法大地的法則，真誠於內，誠意正心又敬慎，外在行為表現則符合正義原則，方正合宜。能夠做到嚴肅敬慎又正當合宜，德行就不會被孤立，「德不孤，必有鄰」，鄰增多，則可宏大。所以說大地的法則是真誠率真於內，對外行事持擇善固執的方正原則，處世態度則包容又寬大。一切順著直方大的原則，不需要特意去學習也就可以無往不利，那麼也就用不著懷疑自己的行為了。

陰雖有美含之，以從王事，弗敢成也。地道也，妻道也，臣道也。地道無成而代有終也。

陰柔的德性雖然是美的，但還是需要隱藏含蓄些。若是用坤德來從事處理君王的政

務，是不可以居功的，因為這是為大地的法則，也是為人妻子，為人臣下的處世準則，大地生育萬物，而把一切功勞歸功於天，地道本身是不居功的。大地的法則是完成天的時序交替過程中，使萬物配合天時運行而圓滿完成，有所終結。以坤道處世，是發感恩心，地道無成，而感恩天道的開始給予，又替天來完成一切是代有終也。為人妻、臣子的就是需要秉持坤道的德行，宇宙人生才會圓滿。

天地變化，草木蕃；天地閉，賢人隱。易曰：「括囊无咎无譽。」蓋言謹也。

若是順著天地自然的變化，是為地天泰，「泰者，通也。」草木自然就會蕃衍茂盛。反之，天地閉塞不通，沒能按照自然規律在變化的話，是為「否」卦，賢人為了明哲保身都會隱退。

所以，易經坤卦的六四爻說：「紮緊袋口，就不會有災咎，也不會有稱譽。」說明在這個時候，言行應當謹慎，沈默是金。時機不對，運勢不佳時，宜保守退避，不要特意表現，口風緊，少說話，言多必失，嘴巴要像袋口一樣封緊，就不會有災咎，當然也不會被讚譽，因為不表現，不可能被肯定。但又不適宜表現，故曰：「無咎無譽。」

君子黃中通理，正位居體。美在其中，而暢於四支，發於事業，美之至也。

君子處世應當能通情達理，像尊貴的黃色居中央，因土能平衡四方之金木水火。所以

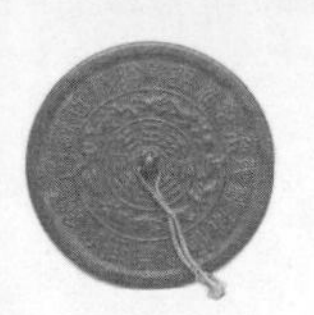

君子要坐在正確的位置、地位，處世才會安穩，並能通曉事理。美德自然含藏在身體內，同時再暢達於四肢，意謂具有坤德之美，自然能行動自如，通達於天下四方。進而再表現於事業上，由修身、齊家到治國平天下。這就是將坤德之美發揮到極致。以上是解釋坤卦六五爻的爻辭。

陰疑於陽，必戰。為其嫌於无陽也，故稱龍焉；猶未離其類也，故稱血焉。夫玄黃者，天地之雜也，天玄而地黃。

這是解釋坤卦的上六爻，陰已經到了極點，氣勢過強，不再順從陽，而被陽所猜疑，因此陰與陽必然會爭戰。因為陰極盛，誤以為已經沒有陽的存在，就自己認為是龍，是陽了，而產生雙龍爭霸的場面。但陰畢竟是陰，永遠無法脫離陰的本質，還是有陰之血緣關係，同時也無法勝過陽。地與天爭戰結果，必然兩敗俱傷。天的顏色是青褐色，地的顏色是暗黃色，當天地交戰，就變成天玄地黃的混雜顏色。大家都沒有佔到便宜，與其如此，倒不如陰陽二氣共同合作，共存共榮，不要有獨大的心態，宇宙人生才會和諧。

繫辭上傳（此篇乃孔子所述繫辭之傳也，以其通論易經之大體。）白話解讀

第一章

天尊地卑，乾坤定矣；卑高以陳，貴賤位矣。動靜有常，剛柔斷矣。

依位置分工的不同，天是尊，地是卑，這是人為的區分，如此這般就確定了乾為天，坤為地，乾坤兩卦是父母卦，是易經六十四卦的開門卦，乾坤既然確立，則其他卑與高皆一一陳列出來。六爻貴賤之位也確定下來。宇宙事物的變化，動與靜是有其規律的，動中有靜，靜中有動，動靜變化皆非突然，所以應以平常心看待，以不變應萬變。再來決定剛與柔的選擇。

方以類聚，物以群分，吉凶生矣。

事物的歸類有其區域方向性，屬性相同的類屬會聚在一起，不同區域也會產生不同的事物，東西事物的分配乃依不同的群體而不同，因而會產生競爭，而有了競爭便有吉凶產生。

在天成象，在地成形，變化見矣。

在天上星象陳列，東方七宿為青龍象，西方七宿為白虎象，南方七宿為朱雀象，北方七宿為玄武象。八卦是取象於天。在地理地貌上會呈現出與天配合相應的形象，於是天象地貌的變化就表現出來了。

是故剛柔相摩，八卦相盪，鼓之以雷霆。潤之以雨，日月運行，一寒一暑。

因此內部剛柔互相的摩擦、往來，與外部八卦與八卦之間互相推移而產生了六十四卦。六十四卦便涵蓋了宇宙人事的現象。

雷電之氣流膨脹到相當程度，便打起雷，振作起萬物，類似宇宙的起源是氣暴論。雷聲大作後，接著下起雨來滋潤大地，有了雨水，萬物才有生機。在太陽與月亮規律的運行，寒暑日夜的交替，是使萬物能生存的必要條件，也是生命的根源。

乾道成男，坤道成女；乾知大始，坤作成物。

乾道的法則而有男性代表，坤道的法則而有女性的代表。即以乾來表示男，以坤來表示女。依時間而言，乾是主導萬物的創始，因為乾是一切生命能源的開始，以空間而言，坤是形成物質產生萬物的。

乾以易知，坤以簡能；易則易知，簡則易從。

乾是天道日月的運行，非常容易去感知，坤是地道，是以簡單的方式在運作。在交易變化中是那麼自然平凡，所以可以很容易去了解。在平凡簡單中的坤道，使人很容易去跟從而不會錯亂。

易知則有親，易從則有功；有親則可久，有功則可大；可久則賢人之德，可大則賢人之業。

容易知道，就會便於去親近適應。容易跟從，就會便於成就事功。有親近的吸引力，就會便於保持長久，有成就的功業便可以壯大受到尊崇。可以維持長久的歷史地位是有賢人的德行。可以發展壯大起來是有賢人的不朽功業。

易簡而天下之理得矣。天下之理得，而成位乎其中矣。

簡單又容易就可以使人領悟天下的道理，能夠知曉天下的道理的話，人就可以找到人生的方向與位置，因為人類的規則都包含在天地之中，所以人就可以在天地之中成就自己的地位了。

第二章

聖人設卦觀象，繫辭焉而明吉凶，剛柔相推而生變化。是故吉凶者，失得之象

也；悔吝者，憂虞之象也；變化者，進退之象也；剛柔者，晝夜之象也；六爻之動，三極之道也。

聖人設立了八卦的符號來觀察宇宙自然的現象，並以卦辭爻辭來說明卦的吉凶。在物理世界而言，以剛柔互相推移而產生變化，也即是陰陽爻互相交互變化，便可以彰顯卦的吉凶。所以說吉與凶是成功與失敗的現象。悔吝是說明懊悔與困難而有憂愁戒備之象。至於變化者，是說明推進或消退的現象。而剛柔者，是說明陽氣與陰氣，白天與夜晚的現象。六個爻是動態的，也是天地人三個層次的規律法則。

是故君子所居而安者，易之序也；所樂而玩者，爻之辭也，是故君子居則觀其象而玩其辭，動則觀其變而玩其占，是以自天祐之，吉無不利。

所以君子是將心定在「常」字上，一切以平常心視之，因而能心安自在。因為君子知道易道的秩序法則，也才能樂天知命。平常所樂於研玩的是卦爻辭義。所以說君子平時是觀卦象研玩卦爻辭來充實自己，在運作行動中則觀察卦象的變化而以占卜來驗證之。所以說只要能了解自然的規律，並遵守自然的規律去做，則上天就會保祐你，你也就不會有什麼不利的。

第三章

彖者，言乎象者也；爻者，言乎變者也；吉凶者，言乎其失得也；悔吝者，言乎其小疵也；无咎者，善補過也。

彖辭是給一個卦下的結論，它是肯定的、絕對性的，說明卦象的原理，並解釋其理由。而爻辭則在說明卦中之交互變化。吉與凶則是說明失去或獲得，失敗或成功。悔吝是在說明缺失毛病，而心生煩惱。无咎的意思是說要隨時反省檢討自己，並用正面積極的作為才能彌補過錯。

是故列貴賤者存乎位，齊小大者存乎卦，辨吉凶者存乎辭，憂悔吝者存乎介，震无咎者存乎悔。是故卦有小大，辭有險易。辭也者，各指其所之。

所以貴與賤完全在於爻的得位與否，得位當位則為貴，失位不正位則為賤。同理，任何事物擺對位置則顯得尊貴，否則變為卑微。規範一個卦涵蓋的大與小，也是在於得位與否，由卦象便可得知。若要辨別吉與凶則從卦爻辭的思想觀念可以得知。憂煩懊悔與阻礙羞辱則在於自己是否行得正、坐得穩，內心一念之間的善與惡微妙的變化。行動變化而無咎者，完全存乎是否有隨時在檢討反省。所以卦所涵蓋的範圍可大可小。卦爻辭有凶險或變化平易的，完全在於自己是否能按其指示的變化去趨吉避凶。

第四章

易與天地準，故能彌綸天地之道。

易經是研究整個宇宙現象，以天地的運行法則做為最高的指導原則。換言之，是以天地為參考模型。所以易經才能普遍性涵蓋天地之間所有的法則規律。

仰以觀於天文，俯以察於地理，是故知幽明之故；原始反終，故知死生之說。

聖人製作八卦是仰觀天文現象與俯察地理山川的形勢理則。所以研究易經就可以知道天文地理陰陽明暗的自然現象及其原因。推原於原始及追究到最後，一切的因與果是循環的，從哪裏而來就回哪裏去。萬物的源頭是氣化而來的，所以有道家的反生之說，以及死生循環的說法。

精氣為物，游魂為變，是故知鬼神之情狀；與天地相似，故不違；知周乎萬物而道濟天下，故不過；旁行而不流，樂天知命，故不憂；安土敦乎仁，故能愛。

精與氣，熱與光凝聚而形成物質，人類就是這樣產生的。當人死去，則魂飄散出去，這就是生死的變化。所以可以知道鬼神的情狀境界。大易哲學是配合天地自然的道理，所以它是不違背自然的規律。易經的智慧是能遍周於萬物，同時可以運用於匡濟天下人。也不會有任何偏差錯誤。能夠廣泛的運行，無所不通，也都不會有任何流弊或不正當。學易

的人可以知道天道的法則也就樂於接受，又能知道生命的真諦與價值，所以也就不會煩憂。守好自己的本分，效法大地的法則培養仁心。所以也就能發揮博愛的精神。

範圍天地之化而不過，曲成萬物而不遺，通乎晝夜之道而知，故神無方而易無體。

易經所規範圍繞的內涵完全遵循天地變化的規律法則，所以是不會有失誤的。類似太極圖，和諧地衍生出萬事萬物，而沒有任何遺漏。徹底地通曉陰陽日夜往來的道理，所以可以知道宇宙人生。所以說，神祕的變化是變化無窮，卻沒有任何固定形態或方位形象。而易道是不會呈現具體可看得見，易道是以用為體，無體不包，又無所不在。

第五章

一陰一陽之謂道。繼之者，善也；成之者，性也。

一陰一陽相互作用的變化就是道，能夠相繼做到道的運作，完成一陰一陽和諧的功德，是善哉也。能夠使陰陽具體的凝聚完成陰中有陽，陽中有陰，成為一物者，即是道之本性也。

仁者見之謂之仁，知者見之謂之知，百姓日用而不知，故君子之道鮮矣。

以仁者的觀點來看道體，稱之為仁，就是仁義、博愛之義。以智者的觀點來看道，則稱之為智，就是智慧。一般人每天都在接觸使用道的功能，卻都不知去追問。所以很少人，能夠知道君子之道。

顯諸仁，藏諸用，鼓萬物而不與聖人同憂，盛德大業至矣哉。富有之謂大業，日新之謂盛德，生生之謂易，成象之謂乾，效法之謂坤。

道是實踐於眾人之仁，而隱藏在晝夜規律中的日用。並能夠開始萬物的生機，卻能無為而為之，不會像聖人般先天下之憂的憂慮。它的德之盛與業之大是完美到極致啊！

完全的付出才是富有的大業，不斷的創新進步才是盛明的德行。生生不息，是變易，才能與日月同壽。自強不息以勤勞打拼就會形成機會，稱之為乾元。有了機會，要仿效借鑑去掌握機會，稱之為坤元。

極數知來之謂占，通變之謂事，陰陽不測之謂神。

窮盡數理的規律，用來預知未來，稱之為占。能夠通權達變、因勢利導，稱之為事業。陰陽運作的奧妙神奇，難以推測想像，保握不住的稱為神。

第六章

夫易，廣矣，大矣！以言乎遠則不禦，以言乎邇則靜而正，以言乎天地之間則備矣。

易經所包涵的範圍是非常寬廣宏大。拿遠的來說或以時間而言，它是無遠弗屆，無界無邊，永無止境，沒有界線的。拿近的說，它是在吾人的內心深處，極靜到能清清楚楚的理性思維，發出正念。以空間而言，易經涵蓋天地之間的萬事萬物，吾人要研習易經才能夠通達天地的道理。

夫乾，其靜也專，其動也直，是以大生焉，夫坤，其靜也翕，其動也闢，是以廣生焉。

乾卦的功能在靜極的時候，便能產生專一的正念。所謂生命之能於焉產生。而其活動起來時則是最直接而有效果的。靜的時候如禪定慧生，動的時候如種子脫殼而出。所以說乾卦是最偉大的生命之能。

坤卦在靜止的時候如花蕾含藏內歛閉合起來，如人心無雜念，專注凝神一般。其在動態開拓起來的時候，則是完全張開能夠包容一切，所以說坤卦是最寬宏廣大的生產能力。

廣大配天地，變通配四時，陰陽之義配日月，易簡之善配至德。

明白了天地的形象是廣闊宏大，吾人就應該要有去適應與天地匹配的精神。知道了四時的變化，就要認清萬物的變化，要隨緣任運，通權達變，例如人生有生老病死，有上台就有下台，變是無常，但卻又是不易的法則，了解太陽與月亮，白天與晚上，就能明白陰陽的道理。易道原本就是最簡單、最平凡的道理，能夠了解最高深卻是最平凡、最偉大就是最平凡，道不離生活，修道在日常生活上用心就是，這樣就能達到最高的道德成就。

第七章

子曰：「易其至矣乎！夫易，聖人所以崇德而廣業也。知崇禮卑，崇效天，卑法地。天地設位，而易行乎其中矣。成性存存，道義之門。」

孔子說：易經是最高明的學問，沒有其他者可以超越易經，聖人所以推崇易經是可以提高人生境界與生命價值，同時可以拓廣發展吾人偉大的功業。

智慧要達崇高標準，人生要有高遠的理想，但要從基層平凡處踏實的做起。崇高的理想目標要效法天一般的高遠。實踐起來則要效法地一般的謙卑，有擔負又能像地一般有包容承載的精神。

天地設定了位置，乾坤兩卦有了規律，整個易經道理都在其中運行了。宇宙的本體就

是這樣，如果能了解這個道理，也就是能明心見性，而能通往成道的途徑，換言之，也就是能見性方能成佛。

第八章

聖人有以見天下之賾，而擬諸其形容，象其物宜，是故謂之象。

聖人有以見天下之動，而觀其會通，以行其典禮，繫辭焉以斷其吉凶，是故謂之爻。

聖人因觀察到天下的事物複雜而微妙奧祕，於是了解各種事物後模擬它的形態與容貌，並探討每一種事物的合適性恰當性，使它們都能像其象，這就稱為象。也就是卦象的由來。

聖人因觀察到天下的變動與發展，於是將其彙集予以分類歸納類比模擬，而了解通達了變動的規律法則，用卦爻辭來說明裁斷變動的吉凶，這就稱之為爻，也就是爻象的吉凶。

言天下之至賾而不可惡也，言天下之至動而不可亂也。擬之而後言，議之而後動，擬議以成其變化。

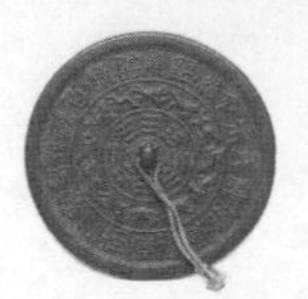

天下事物的複雜奧祕，其實要以平常心視之，無所謂喜歡或討厭的。天下事物的變動也有一定的次序，隨時都在變動，它是動態的宇宙，卻不會混亂無章。

對於天地間的事物，要透過細心的觀察分析思考比較後才再予以說明。經過討論商議後才去行動作為。這樣才能了解宇宙一切現象，進而能掌握駕馭一切的變化。

「鳴鶴在陰，其子和之；我有好爵，吾與爾靡之。」子曰：「君子居其室，出其言善，則千里之外應之，況其邇者乎？居其室，出其言不善，則千里之外違之，況其邇者乎？言出乎身，加乎民，行發乎邇，見乎遠。言行，君子之樞機，樞機之發，榮辱之主也。言行，君子之所以動天地也，可不慎乎？」

易經中孚卦的九二爻說：鶴在陰暗處一叫，小鶴聽到了也跟著叫，因為大小鶴之間培養出誠信，大鶴要與小鶴分享美食也。由這句話引伸到人生哲學上，就是說，我有好的爵位，真誠地請你來共襄盛舉，共同治理。

孔子說：君子在家裏，講出一句有道理的經典話語，就會傳播很遠，它的念波，千里之外的人都會感同身受，何況是接近他的人呢？反之，如果君子在家裏，講出沒有道理的惡言，那麼大家也會違背他，而持反對的看法，何況是在他身邊的人。

言語是發自於自己，但卻影響他人，行為是由近處著手，卻影響久遠。所以說，言行

是做人處世的中心樞紐。樞紐機關一旦發動，便主宰了榮與辱。君子的言語與行為可以感動天地，常言道：「舉頭三尺有神明」、「人在做，天在看」。所以言行怎麼可以不謹慎呢？

「同人，先號咷而後笑。」子曰：「君子之道，或出或處，或默或語，二人同心，其利斷金；同心之言，其臭如蘭。」

同人卦的九五爻：「要與人相同，起初是痛苦的，但後來是高興歡笑的。」孔子說：君子之道，在於適當時機做正確的抉擇；或服務天下如良禽擇木而棲，或獨善其身，隱士自處，或保持沈默，或大談抱負。

二人同心，力量增加，其鋒利甚至可以削斷金屬，若言語與心意一致，如久旱逢甘霖，其味道有如蘭花一般芬芳。

「初六，藉用白茅，无咎。」子曰：「苟錯諸地而可矣，藉之用茅，何咎之有？慎之至也。夫茅之為物薄，而用可重也。慎斯術也以往，其无所失矣。」

大過卦的初六爻說：借用白茅草來做物品的墊底，是不會有災咎的。孔子說：假使要置放好東西，不必刻意包裝也是可以的，但如果借用其他如白茅草之物來墊底包裝，慎重其事，也無可厚非。因為白茅草這個東西本來是不值錢的，卻用來做裝飾襯托之用，小兵

立大功，這樣地謹慎行事，是不會有任何錯失的。

「勞謙，君子有終，吉。」子曰：「勞而不伐，有功而不德，厚之至也。語以其功下人者也。德言盛，禮言恭。謙也者，致恭以存其位者也。」

謙卦九三爻說：「勞苦功高的人行事謹慎，內心也謙虛的話，這樣的君子是會有好結果吉祥的。」孔子說：「有功勞卻不誇耀，有功績也不認為是因為自己的能力使然，敦厚到了極點，高而謙下，不表現自己，自己高於他人卻不自矜，這是盛明盛德。嚴以律己，內心恭敬對人。什麼是謙呢？要能做到始終一致的恭敬，才能受人肯定，也才能保住職位。

「亢龍有悔。」子曰：「貴而无位，高而无民，賢人在下位而无輔，是以動而有悔也。」

乾卦文言說：「亢龍是會後悔的。」孔子說：一個人到了太高的位置，被架空而沒有位置可發揮了，所謂「高處不勝寒」，別人也不敢靠近親近他，因此也沒有人可使喚。有能力的人才都到較低層次的他處，留在身邊的人卻都是庸才小人之類。所以若有任何行動作為，就會有毛病發生而懊悔。

「不出戶庭，无咎。」子曰：「亂之所生也，則言語以為階。君不密，則失臣；

臣不密，則失身；幾事不密，則害成；是以君子慎密而不出也。」

節卦初九爻：「不走出門，或不講話，不會有災咎。」孔子說：「禍亂之所以發生，是由言語帶來的，即禍從口出。在上位的人如果不守密，則失去下屬對你的信任，或下屬因你的言語而遇害。反之，下屬不守密，亂講話則可能地位不保危害生命。任何機密微兆不保密，就會失敗。所以君子言語行事謹慎保密，不隨便說話，也不形於色。

子曰：「作易者其知盜乎？易曰：『負且乘，致寇至。』負也者，小人之事也；乘也者，君子之器也。小人而乘君子之器，盜思奪之矣；上慢下暴，盜思伐之矣；慢藏誨盜，冶容誨淫，易曰：『負且乘，致寇至，』盜之招也。」

解卦六三爻，孔子說：作易經的人是知道盜匪心理的，易經說：身上揹著包袱卻乘坐轎車，與其身分不搭配，才會引起盜匪的搶奪。因為背負的工作是小人做的，乘坐高級轎車是顯貴人家的交通工具。小人卻乘坐君子的車子，以致招來強盜的搶奪。同理，若國家在上位的人倨傲，在下位的人也粗暴，那麼就會招來討伐攻擊之事發生。一個人若不好好隱藏財寶，是在教唆他人來搶奪。一個女人若打扮得妖冶，是教唆他人來調戲侮辱。所以易經說：「負且乘，致寇至，」盜匪搶奪的緣故是自己招來的。

第九章

天一，地二，天三，地四，天五，地六，天七，地八，天九，地十。

天數五，地數五，五位相得而各有合。天數二十有五，地數三十；凡天地之數五十有五，此所以成變化而行鬼神也。

依奇數（單數）為天，偶數（雙數）為地，則一到十分為天一地二天三地四天五地六天七地八天九地十。天數有五位，地數也有五位，天數相加為二十五，地數相加為三十，各自相加的總和是不同的。再將天地數總和相加是五十五，若能懂得掌握這些數的自然變化，就可以行鬼神的功能。

大衍之數五十，其用四十有九，分而為二以象兩，掛一以象三，揲之以四以象四時，歸奇於扐以象閏，五歲再閏，故再扐而後掛。

因五是基本數，將天地之數五十五減去五而得五十，大衍之數就是五十。以五十籌策之數廣大縯繹，有規律的推演占卜之術。其用四十九，另外那個「一」是象徵太極立極不動，放在一邊，然後將四十九根蓍草隨意分而為二堆，分置左右兩側，象徵太極生兩儀，然後從右邊那一堆取出一根，夾在左小指與無名指之間。象徵天地人三才成立。然後將左側那一堆蓍草每四根分為一組，分到最後所剩的一組，不論是一根二根三根四根，掛夾在

左手無名指與中指之間，這就是歸奇於扐以象閏。接著再將右側那一堆蓍草用同樣方法四根一組，分到最後所剩那一組的蓍草夾在左手中指與食指之間，也就是五歲再閏，故再扐而後掛。然後將夾在左手指間的蓍草取出放在一側，接著將左右兩側的蓍草合併起來，再依前述方法隨意分兩堆，再掛一，揲四歸奇，再扐，如此三遍之後就可得一個爻，視所剩幾組來決定，所剩六組為老陰，七組為少陽，八組為少陰，九組為老陽。一個卦有六爻，所以要經過十八遍操作方得一卦。

乾之策，二百一十有六，坤之策，百四十有四，凡三百有六十，當期之日。二篇之策，萬有一千五百二十，當萬物之數也。是故四營而成易，十有八變而成卦，八卦而小成。引而伸之，觸類而長之，天下之能事畢矣。

乾之策是二百一十六，（因用九乘四乘六得二百一十六）。坤之策是一百四十四（因用六乘四乘六）。乾坤之策相加為三百六十，當作一年的時間之日計算。易經上下兩篇共六十四卦，陽陰卦各三十二卦，陽卦三十二乘二百一十六得六千九百一十二。陰卦三十二乘一百四十四得四千六百零八，相加之數為一萬一千五百二十，是為萬物之數。

所以占卜的操作是分四個步驟，分二、掛一、揲四、歸奇才能成為一個爻，而且要操作十八次才可產生一卦。八卦是小成，六十四卦是大成，擴張延伸出去就形成三百八十四

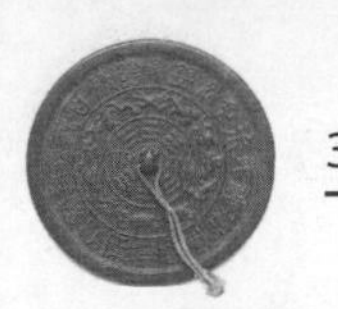

爻，天下的事物全包括了，也就沒有什麼不知道的。

顯道神德行，是故可與酬酢，可與祐神矣，子曰：「知變化之道者，其知神之所為乎？」

懂得數理，就可以彰顯道的神妙與其功能的效應。也就是說可以應付人際關係之各種狀況，可以知道天地變化的奧祕，助成神明的化育。孔子說：「研讀易經可以知道變化之道，知道神明的作為。」

第十章

易有聖人之道四焉，以言者尚其辭，以動者尚其變，以制器者尚其象，以卜筮者尚其占。

大易哲學所言之聖人之道有四點；以文字言語而言，注重卦爻辭的內涵。以行動經營事情而言，注重變動的規律及其好壞吉凶。以製作器物而言，注重卦之圖象配合大自然的原始圖象而發明，利益眾生。以卜筮而言，注重其占驗與客觀條件的配合。

是以君子將有為也，將有行也，問焉而以言，其受命也如響，无有遠近幽深，遂知來物，非天下之至精，其孰能與於此？

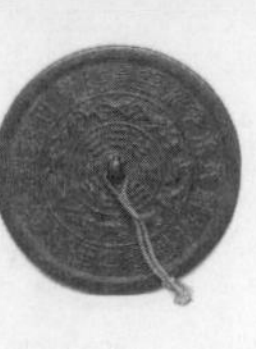

所以明智的人將要有所作為或行動時，就會參考問卜再分析判斷來做準備，而且感應迅速，往往都有問必答，能給予啟發回應。不論事情的遠近幽隱艱深，都能知道未來的狀況，如非是天下最精微的智慧，豈能做到如此地步呢？

參伍以變，錯綜其數；通其變，遂成天下之文，極其數，遂定天下之象。非天下之至變，其孰能與於此？

演變是要參考很多的因素，諸如三才時間空間人事現象及五行生剋等變化，錯綜其卦和綜合其數字靈動規律，來貫通其中的變化，於是才形成了天下一切的形態文采。推究數字的規律演變，於是才確定天下的現象，發生過程與結果。如非是天下最卓越的變化，誰能做到如此地步呢！

易无思也，无為也，寂然不動，感而遂通天下之故。非天下之至神，其孰能與於此？

易經是太不可思議，它本質上是不需要去思慮的，也不需要作為的，如此不動，真性本空，無思無為，一切充滿而不存在，靜到極點，緣起性空，應無所住而生其心，感應道交，於是能通達天下一切的訊息。如非是天下最神妙的境界，還有誰能達到這種工夫呢？

夫易，聖人之所以極深而研幾也。唯深也，故能通天下之志；唯幾也，故能成天

下之務；唯神也，故不疾而速，不行而至。

子曰：「易有聖人之道四焉」者，此之謂也。

易經是聖人用來探求研究深奧幾微之兆而通曉其中變化。由於做到了深奧的探求，才能貫通了解天下一切事物之性與趨向。也唯有了解奧妙的變化規律及其兆頭，才能有機會成就天下的功業。也唯有能通神，才能不慌不忙做出迅速的反應，不必行走也可以達到，好像心有靈犀一點通。

孔子說：「易有聖人之道四焉」的話，是指易經的致用之道。

第十一章

子曰：「夫易何為者也？夫易，開物成務，冒天下之道，如斯而已者也。」是故聖人以通天下之志，以定天下之業，以斷天下之疑。

孔子：「學習易經是要做什麼呢？易經它是開通萬物、了解物理世界的根本，知道物性，然後做為人生法則來成就事物，它涵蓋天下一切的法則，就是這麼的學問罷了！」

學習易經的目的是聖人達到通達天下人的心態目標，及做利益眾生的事業，和透過占筮可以決斷天下事物的疑惑。

是故蓍之德圓而神，卦之德方以知，六爻之義易以貢。聖人以此洗心，退藏於密，吉凶與民同患，神以知來，知以藏往，其孰能與於此哉？古之聰明睿知，神武而不殺者夫！

所以用蓍草占筮的作用是圓通而神妙，占筮出來卦象的作用是方正有原則明白示知。六個爻的意義代表不同的變化展現出來。聖人由此做為修心養性，洗滌心思，達到無思、無為、寂然不動。進而隱藏住光芒，回歸平凡，和大家一起共患難，不會特別去顯現其神通與不凡。雖然可以神奇的預知未來變化，卻明智地隱藏過去的經驗，由知道裝作不知道，大智若愚似的，誰能做到這樣呢？只有古代聰明又有智慧的人，有功夫又不誇耀的人才能做得到。

是以明於天之道，而察於民之故，是興神物以前民用；聖人以此齋戒，以神明其德夫！

所以聖人明白天的運行規律和了解社會大眾的狀況，才發明了神奇的蓍占，讓百姓在做事以前可以預先知道。聖人則藉以拿來修心齋戒心思，按照規律來辦事，戒除妄想，才能神妙地彰顯占筮的功能。

是故闔戶謂之坤，闢戶謂之乾；一闔一闢謂之變，往來不窮謂之通。見乃謂之

象，形乃謂之器，制而用之謂之法；利用出入，民咸用之，謂之神。

乾坤是自然的規律，合為坤，開為乾，一開一合才能產生變化，往來不已才是通達。展現出來的機會兆頭是現象，具體成形是為器物，將其制定來使用，稱為法則，進進出出，或得或失，大家都常在使用乾坤的道理卻不知道，也可說是神妙啊！

是故易有太極，是生兩儀，兩儀生四象，四象生八卦，八卦定吉凶，吉凶生大業。

所以易經的本體論是由無入有，太極是萬有的開始，萬變之始，有了太極於是本能的有兩種力量、型態的產生，即兩儀，兩儀生出四象，即太陽、太陰、少陽、少陰。四象之氣自然化合而生八卦，有了八卦就可演繹預測出吉凶，吉與凶就產生了一切事業。

是故法象莫大乎天地，變通莫大乎四時，縣象著明莫大乎日月，崇高莫大乎富貴；備物致用，立成器以為天下利，莫大乎聖人；探賾索隱，鉤深致遠，以定天下之吉凶，成天下之亹亹者，莫大乎蓍龜。

宇宙現象沒有比天地更大的，一切的變化也沒有比四時更替變化更大，明顯懸卦在天上的現象，沒有比日月為大，讓人推崇仰望至高理想的沒有比道德學問物質的富與貴。能夠齊備所有物品以致其用，並制立成器物以為天下人謀福利的，沒有比聖人發明的偉大。

探究事物的精微處並考察其幽隱處，才能擷取深奧，掌握規律，了解其不可知的部分，而決定預測事物的吉凶，如此這般促成天下永不停息，日復一日去完成工作大業者，沒有比蓍龜占卜的偉大神妙。

是故天生神物，聖人則之；天地變化，聖人效之；天垂象，見吉凶，聖人象之；河出圖，洛出書，聖人則之。

所以上天給予神奇的蓍草與龜殼，聖人仿效其神奇用來占筮，四季晴雨的變化，聖人也效法其規律變化，不敢違背。上天會顯示吉凶之象，聖人依其經驗而得其智慧，模擬其吉凶之象以告之。黃河出現一到十的圖案，洛水出現一到九的圖案，一曰河圖用十，一曰洛書用九，聖人參照其圖案而發明易經開物成務。

易有四象，所以示也；繫辭焉，所以告也；定之以吉凶，所以斷也。

易經有四個取象，天地、四時、日月、富貴，所以能夠彰顯其奧祕。繫在卦爻後的文辭，則說明告示其道理。用以斷定吉與凶。

第十二章

易曰：「自天祐之，吉无不利。」子曰：「祐者，助也。天之所助者，順也；人

之所助者，信也。履信思乎順，又以尚賢也，是以『自天祐之，吉无不利』也。」

易經大有卦上九爻曰：「有上天的助祐，一定吉祥，沒有不利的。」孔子說：祐的意思是幫助，上天會幫助的人，是順從天的規律行事的人。人所幫助的是講誠信的人。一個人如能履行誠信並常存著遵行天則，又崇尚賢德行為。所以上天會給予祐助，自然吉祥，沒有不利的。

子曰：「書不盡言，言不盡意。」然則聖人之意，其不可見乎？子曰：「聖人立象以盡意，設卦以盡情偽，繫辭焉以盡其言，變而通之以盡利，鼓之舞之以盡神。」

孔子說：「文字無法完全表達要說的話，言語也無法完全表達要傳達的意思。」那麼難道就不能知道聖人的心意嗎？孔子說：「聖人設立圖象來表達其意，設立六十四卦的卦象來充分顯示其真偽，以卦爻辭來表達卦意，透過卦爻的變化，能夠通達取得利益，盡情的發揮運用達到出神入化的神妙境界。

乾坤，其易之緼邪？乾坤成列，而易立乎其中矣；乾坤毀，則无以見易；易不可見，則乾坤或幾乎息矣。

乾坤兩卦是易經六十四卦的開門卦，大概是易經的最精華部分吧？乾與坤組成六十四卦而有系統排列展示出來，例如方圖與圓圖有規律的排列。如果乾坤兩卦毀了，那麼就無

法看見易經的整體變化，沒有辦法看到事物的變化規律的話，也可以說乾卦與坤卦的功能幾乎消失了。

是故形而上者謂之道，形而下者謂之器，化而裁之謂之變，推而行之謂之通，舉而錯之天下之民謂之事業。

所以屬於精神層面的，或看不到摸不著形而上的東西稱之為道，屬於具體可感知形而下的東西稱之為器，能夠貫通，知所裁化，稱之變化。按規律應用起來稱之通暢。推展開來使人民安定的稱之為事業。

是故夫象，聖人有以見天下之賾，而擬諸其形，象其物宜，是故謂之象。聖人有以見天下之動，而觀其會通，以行其典禮，繫辭焉，以斷其吉凶，是故謂之爻。

所以易經的象，是聖人見到天下的事物那麼精微複雜，才摸擬事物的形象，合適地接近事物，稱之為象。聖人因看到了事物的變化，就觀察變動間的相互關係，而依其變動的規律法則，附上文字說明來裁斷變動的吉與凶，這就是爻，有爻動也才有吉凶顯示。

極天下之賾者存乎卦，鼓天下之動者存乎辭；化而裁之存乎變，推而行之存乎通；神而明之，存乎其人；默而成之，不言而信，存乎德行。

天下事物的複雜微妙都歸納在六十四卦的卦象中，卦爻辭是在鼓舞天下事物的經營活

動。從卦象中領悟，而做出裁定或化解，這就是變化，再將其推演運行到通達流暢。能夠出神入化，神妙的將這些道理彰顯出來的是聖人。默默地無為而為成就一切，有了相互的承諾，不需說話也就會有誠信的運作，這是因為行為順從天道的規律之故也。

繫辭下傳白話解讀

第一章

八卦成列，象在其中矣；因而重之，爻在其中矣；剛柔相推，變在其中矣；繫辭焉而命之，動在其中矣。吉凶悔吝者，生乎動者也；剛柔者，立本者也；變通者，趣（趨）時者也。吉凶者，貞勝者也；天地之道，貞觀者也；日月之道，貞明者也；天下之動，貞夫一者也。

八卦的符號圖象是成一整體系列，分不開的，卦象都在其中，例如自然現象有八大類。將八卦重疊起來，就是六爻卦，而有六個爻位之分。剛強與柔順相互推移，就會產生變化。附上繫辭文字來說明，行為動作的過程都在其中。吉凶與煩惱阻礙都在活動的過程產生。

剛與柔的本性特質是建立卦象的根本。懂得配合時機變化才會通達。吉與凶是要符合正常規律運作中來趨吉避凶。天地的法則要以正向的思考去觀察，太陽與月亮運行的法則，是白天與夜晚照明的不同，而明白形成一晝夜的規律。所有人類文化的活動，是應該定位在一個自然的正常規律之上，即太極之動，而陰陽生，八卦之象在其中了。

夫乾，確然示人易矣。夫坤，隤然示人簡矣。爻也者，效此者也。象也者，像此者也。爻象動乎內，吉凶見乎外，功業見乎變，聖人之情見乎辭。

乾卦之象是剛健的樣子，每一個爻皆為陽爻，那麼明確的表明出容易的規律；坤卦之象則是柔順的樣子，每一個爻皆為陰爻，也顯示出簡單的規則。其他六十二卦的爻就是仿效乾坤這兩個卦。陽爻仿效乾卦用九，陰爻仿效坤卦用六。卦象也是模擬乾坤兩卦。爻象活動在卦裡面，因爻有其內在變化的規律，吉與凶的結果就表現在外了。

利益眾生的功業要表現在不斷的創新變通。以適合時代的需求。聖人的偉大情懷從卦爻辭的智慧分享，就可以看出來。

天地之大德曰生，聖人之大寶曰位。何以守位曰仁。何以聚人曰財。理財正辭，禁民為非曰義。

天地最大的作用是生生不息，聖人最大的寶貝就是其智慧的寶藏受人尊敬的地位。要

怎麼樣守住地位，那就是能與天地有情融合在一起的仁慈，要怎樣聚集人氣，才能創造財富。管理財物要合理公正，名正言順。教化人民不為非作歹，就是規範道德行為的規則。

第二章

古者庖犧氏之王天下也，仰則觀象於天，俯則觀法於地，觀鳥獸之文，與地之宜，近取諸身，遠取諸物；於是始作八卦，以通神明之德，以類萬物之情。作結繩而為網罟，以佃以漁，蓋取諸離。

遠古時候伏羲氏能統領天下，開人類文化之始，則是仰觀天文星象氣候，俯察大地山川的法則形態，觀看鳥獸的紋彩和地理四季的特性是否相宜，就近取材於自己身上的東西與經驗，往遠處則取材於其他事物，於是就製作出八卦的符號，用八卦的德性來會通神明的功能，用以類比萬物的情態。例如編結草繩為網，用以狩獵及捕魚，大概就以離卦的卦象來比擬。

庖犧氏沒，神農氏作，斲木為耜，揉木為耒，耒耨之利，以教天下，蓋取諸益。

伏羲氏死後，神農氏繼承之，砍削樹木製作為耕田的農具犁，並揉彎了木頭做為犁

柄，用以耕地除草，來教導人民，增加農作物產量。大概就是以益卦的卦象來比擬。益卦上卦為巽為木，下卦為震為動，二至四爻為坤是地，從卦象看即植物在地中往上生長，自然增加豐收之象。

日中為市，致天下之民，聚天下之貨，交易而退，各得其所，蓋取諸噬嗑。

太陽在當中做為市集，招來各處的人，帶來的貨物聚集在一起，相互交易各取所需，然後散去，大概就以噬嗑卦卦象比擬之，噬嗑卦上卦為離是太陽，下卦為震是動，在太陽底下從事飲食需要的活動。

神農氏沒，黃帝、堯、舜氏作，通其變，使民不倦，神而化之，使民宜之。易窮則變，變則通，通則久；是以自天祐之，吉无不利。黃帝、堯、舜垂衣裳而天下治，蓋取諸乾坤。

神農氏死後，皇帝、堯、舜興起繼續融會貫通領悟了各種變化，以六十四卦比擬之，使人民不會厭倦，繼續不斷研究到出神入化，教化人民，使大家都能得到適宜的生存。大易哲學的法則是事物到了窮盡困頓時就會起變化，有了變化才會暢通，有通達才會持久延

續下去。所以說自助天助，是吉祥沒有不利的。皇帝、堯、舜縫製衣裳是天下文明開始，大概是取擬乾坤的卦象，乾卦代表後面那片衣服，坤卦代表前面那片衣服，將前後縫合起來即是。

刳木為舟，剡木為楫，舟楫之利，以濟不通，致遠以利天下，蓋取諸渙。服牛乘馬，引重致遠，以利天下，蓋取諸隨。重門擊柝，以待暴客，蓋取諸豫。斷木為杵，掘地為臼，臼杵之利，萬民以濟，蓋取諸小過。弦木為弧，剡木為矢，弧矢之利，以威天下，蓋取諸睽。

挖鑿大樹幹製作成舟船，削木頭做為槳，有了船槳使水路交通便利，可以渡濟到達一些原本到不了的地方，去更遠的地方交易而造福人民，大概比擬渙卦的卦象。

馴服牛耕田拉車，乘騎馬匹，可以載重到遠地，方便行走交易，大概比擬隨卦的卦象。隨卦上卦為澤是喜悅，下卦震為動，乘坐在上，車輪轉動，不亦快哉！

夜晚緊閉重重的門戶，並打更巡夜，以防備盜匪小偷，大概比擬豫卦的卦意，豫則立，不豫則廢，做事要謹慎防備在先是也。

將木頭取一段做為杵，地上挖個洞做成臼，有了杵與臼的便利，將稻子去殼為米，使

人民得到糧食之助，大概比擬小過卦的卦象。小過卦之初爻二爻及五爻上爻取象稻米，三爻四爻取象杵，而有搗米之象。

將木頭揉彎做成弓，削尖木頭做成箭，有了弓箭做為武器，就可以威嚇他人，大概比擬睽卦的卦象。說卦傳睽卦上卦為離是戈兵之象，三四五爻為坎是弓輪之象，又上卦離火炎上，下卦為澤水向下，背道而馳，乖違之象，所以才會有兵器相同。

上古穴居而野處，後世聖人易之以宮室，上棟下宇，以待風雨，蓋取諸大壯。古之葬者，厚衣之以薪，葬之中野，不封不樹，喪期无數，後世聖人易之以棺槨，蓋取諸大過。上古結繩而治，後世聖人易之以書契，百官以治，萬民以察，蓋取諸夬。

上古時期的人都住在洞穴或野外，後來聖人改變了居住方式，建造了房子，上面有棟樑，下面有屋宇，用來防禦風雨，大概比擬大壯卦的卦象，上卦為震為木取象為屋頂，下卦為乾，三爻皆為陽，有柱子頂住屋頂之象。

古時候的喪葬，是以柴草將屍體裹起來，放在離住所不很遠之處，沒有掩埋也沒有上標誌，守喪的期限也沒有固定，後世的聖人就改變喪葬方式，用棺槨裝屍體，大概也是取象自大過卦吧！

上古時期人們以結繩紀事來治理，後世聖人改變方式發明了刀刻文字在竹簡木片上，來記載文字條文，做為行政治理之依據，人民也可以看得到去遵守，大概取象於夬卦的卦象，夬卦之上卦為兌為口，下卦為乾為金，以金屬刻下言語所說的話，有憑有據，即以書契為依據來決斷事物。

第三章

是故易者，象也，象也者，像也。彖者，材也。爻也者，效天下之動者也。是故吉凶生而悔吝著也。

所以易經是效法自然界的現象，卦象是象的思維，模擬大概的特徵。彖辭是根據卦象來裁斷一個卦的意義。爻辭則是效法各種事物的行動過程階段。所以產生了吉與凶，並顯現出煩惱與阻礙。

第四章

陽卦多陰，陰卦多陽，其故何也？陽卦奇，陰卦耦。其德行何也？陽一君而二民，君子之道也。陰二君而一民，小人之道也。

陽卦中的陰爻比陽爻多，陰卦中的陽爻比陰爻多，這是什麼原因呢？因為爻象（▬）陽爻為1劃，（╍）陰爻為2劃，陽卦皆為奇數，陰卦皆為偶數。它們的表現成果為何呢？陽卦是一個陽爻二個陰爻，例如震、坎、艮卦是也，這是君子的作風，領導主事者為一人，是君子之道。陰卦是兩個陽爻一個陰爻，這是小人的作風，領導主事者為多人或政令多頭，那是小人之道也。

第五章

易曰：「憧憧往來，朋從爾思。」子曰：「天下何思何慮？天下同歸而殊塗，一致而百慮。」

易經說：「忙著來回比來比去，朋友也跟著你的想法。」孔子說：「天下萬物倒底想的與考慮的是什麼？其實天下萬物都有其共同的歸宿期待希望，只是經由不同的途徑方式到達，目標結論是一致的，卻有千百種方法與思維。這難道還不明白嗎？

天下何思何慮！日往則月來，月往則日來，日月相推而明生焉；寒往則暑來，暑往則寒來，寒暑相推而歲成焉。

太陽走了，月亮來，月亮走了則太陽到來，日月互相推移，就可以明白晝夜的現象產生。寒冷走了，暑熱就到來，暑熱走了，寒冷就到來，寒暑互相推移而形成一個年歲。

往者屈也，來者信也，屈信相感而利生焉。尺蠖之屈，以求信也。龍蛇之蟄，以存身也。精義入神，以致用也。利用安身，以崇德也。過此以往，未之或知也。窮神知化，德之盛也。」

要往前進則要先屈縮起來，而來到的就是伸展開來，屈縮與伸展之間的感應雙方就會有利益出現，即進與退彼此抓得準才會雙贏。蚯蚓的屈縮是為了往前伸進，蛇類的蟄伏，是為了保存自身度過寒冬。人類之所以精研義理到出神入化不可思議的地步，為的就是能經世致用。

利用各種方式來安頓身心，是為了崇高道德的最高境界。如有再超過這種境界的有為法，那就不得而知了，能夠弄清楚神妙的道理並有智慧懂得變化，就是易經的最高境界。

易曰：「困于石，據于蒺藜，入于其宮，不見其妻，凶。」子曰：「非所困而困焉，名必辱。非所據而據焉，身必危。既辱且危，死期將至，妻其可得見邪？」

易經困卦六三爻上說：「困境於亂石堆中，後背卻倚靠在有刺的植物蒺藜上。走進房內，沒有看見妻子，是有凶險的。」孔子說：「依憑於有刺的植物蒺藜上，是處於進退兩難，沒有出路，只有死路一條；回到家裡，又見不到妻子，是自己行為不正，遭到羞辱與身處險境，當然見不到妻子，不祥之兆啊！」

易曰：「公用射隼于高墉之上，獲之无不利。」子曰：「隼者，禽也；弓矢者，器也；射之者，人也。君子藏器于身，待時而動，何不利之有？動而不括，是以出而有獲。語成器而動者也。」

易經解卦上六爻說：「王公比喻領導人，箭射在高牆上的惡鷹，手到擒來就沒有不利的。」孔子說：「鷹是飛鳥，弓箭是武器，人拿箭去射。君子帶著武器，必要用的時候就要採取行動，這是沒有什麼辦不到的，不受約束能行動自如的採取行動，並有收穫，這是說行動前有萬全的準備，當然無往不利。

子曰：「小人不恥不仁，不畏不義，不見利不勸，不威不懲。小懲而大誡，此小人之福也。易曰：『屨校滅趾，无咎。』此之謂也。」

孔子說：「小人是不知羞恥又不行仁的，不以不義而畏懼，看不見利益就無所不為，不給予威嚇就不知道害怕。對於小人，犯了小過錯，要給予大大的懲戒，使其改過遷善，及時悔改，這正是小人的福氣。易經上噬嗑卦初九爻說：「帶上刑具腳鐐傷了腳趾，只是肌膚之傷，使其不敢再犯，就不會有災咎的。」

「善不積，不足以成名；惡不積，不足以滅身。小人以小善為无益而弗為也，以小惡而无傷而弗去也，故惡積而不可掩，罪大而不可解。易曰：『何校滅耳，凶。』」

不累積善行是不會成就名聲，不累積惡行，也不會遭滅身之禍。小人都認為小善行對自己沒有多大利益而不去做，卻認為小惡行無傷大雅而不排斥，不至於惡行累積到不可掩飾，罪過也大到不可解脱開釋的地步，而遭到凶險的下場。所以易經噬嗑卦的上九爻說：「肩膀上扛著刑具枷鎖，磨傷了耳朵，將遭遇到斷頭大凶的下場。」

子曰：「危者，安其位者也；亡者，保其存者也；亂者，有其治者也。是故，君子安而不忘危，存而不忘亡，治而不忘亂；是以身安而國家可保也。易曰：『其亡其

亡，繫于苞桑。』」

孔子說：「危險的發生，是認為已安居其位了的人；滅亡的發生，是認為能長期保有的人；混亂的發生，是認為已治平了的人。所以君子在安居的時候不可忘記危險，在存在時不忘記滅亡，治世時不忘記亂世；這樣才能保住自身的安全，國家也才能保住，易經否卦九五爻說：「要時時想到滅亡的憂患意識，才能鞏固根本，像繫在大桑樹的樹幹般的穩固。」

子曰：「德薄而位尊，知小而謀大，力小而任重，鮮不及矣。易曰：『鼎折足，覆公餗，其形渥，凶』言不勝其任也。

孔子說：「德行淺薄，但卻身居高位，智慧低下卻想圖謀大的事業，才力小卻擔負重任，很少不把事情搞砸，遭至災禍的。」易經鼎卦九四爻的爻辭說：「鼎的腳折斷，翻覆了公爵賜給的佳餚，弄得狼狽不堪。象徵著沒有做好上級交辦的任務，而身遭兇禍。」這就是說才智不足而無法勝任職務的關係。

子曰：「知幾其神乎，君子上交不諂，下交不瀆，其知幾乎？幾者，動之微，吉之先見者也，君子見幾而作，不俟終日。易曰：『介於石，不終日，貞吉。』介如石

焉，寧用終日？斷可識矣。君子知微，知彰，知柔知剛，萬夫之望。」

孔子說：「能夠事先知道事情的兆頭，可算是神奇吧！君子對上不會諂媚，對下也絕不輕侮傲慢，知道人情事理，也算是知道事情的細微現象。『幾』是事情動機的細微兆頭。是可以預先知道的吉凶。君子會把握機會的到來，及時行動，不會遲疑地等待。易經豫卦六二爻說：『前進中被巨石阻擋著，難道要在那等待一整天嗎？要及時想辦法脫離才是明智抉擇。』君子知道事理的微妙變化及彰顯的情況，知道何時應該用柔或是用剛，這樣才能成為眾望所歸的領導人。」

子曰：「顏氏之子，其殆庶幾乎，有不善未嘗不知；知之，未嘗復行也。易曰：『不遠復，无祇悔，元吉。』

孔子讚美他的學生顏回說：「顏回這個人，幾乎可以接近完美，知道幾微的徵兆。有過去缺點馬上就能察覺出來，而且後來不再犯了。易經復卦初九說：「迷途了，若走不遠就能及時回頭，應該不會懊悔走太多冤枉路，也就大大的吉祥了。」

天地絪縕，萬物化醇；男女構精，萬物化生。易曰：『三人行，則損一人；一人

行，則得其友。』言致一也。

天地之間陰陽二氣瀰漫交織著，經由精純專注完美的感應會合，於是氣化，接著發生變化，萬物是由氣化而生，然後由氣化轉為形化，形化後萬物再經雌雄交媾，萬物得以生生不息生成下去。易經損卦六三爻說：「三人同行，共創事業，意見不同，兩票對一票，其中一人就要放棄成見。若一個人單獨作業，專心敬業，就會得到志同道合的人來共襄盛舉。」這就是說，天下的事理要像陰陽精純的會合，理念一致才能達成目標，成就事物。

子曰：「君子安其身而後動，易其心而後語，定其交而後求。君子修此三者，故全也。危以動，則民不與也；懼以語，則民不應也；无交而求，則民不與也。莫之與，則傷之者至矣。易曰：『莫益之，或擊之，立心勿恆，凶。』」

孔子說：「君子必定要使自己安定下來，才去行動作為，必定讓心情平靜下來，冷靜思考後才說話，必定先建立起誠信與恩惠的交往，然後才可去要求他人。君子能夠有這三方面的修為，自然與人交往才會完美。如果自己本身都無法安定下來就要貿然行動，則不會有人願意參與的；以言語暴力去威嚇他人，則他人也不會回應你的；沒有誠信與恩情的交往就想要要求他人，他人也不會支持你的。若得不到支持與贊助，那麼就會有傷害你的

人到來。」易經益卦上九爻說：「得不到幫助及增益，甚或再遭他人打擊，心志不堅定不能持久的人，就有凶險。」

第六章

子曰：「乾坤其易之門邪！」乾，陽物也，坤，陰物也。陰陽合德，而剛柔有體，以體天地之撰，以通神明之德。其稱名也，雜而不越，於稽其類，其衰世之意邪！」

孔子說：「乾坤兩卦是易經的入門卦吧！」乾卦是象徵具有陽性特質的東西，坤卦是象徵具有陰性特質的東西。陰與陽互相配合就顯出其成果。而陽剛陰柔都有其特性，才能展現出天地化育的功能，並通曉了神妙明顯的成果。

各個卦的卦名取法廣泛複雜，但都恰當得體沒有超越其本質。考察其引用各類的資料題材，似乎是處衰世而作之憂患思維。

夫易，彰往而察來，而微顯闡幽，開而當名辨物，正言斷辭，則備矣。其稱名也小，其取類也大，其旨遠，其辭文，其言曲而中，其事肆而隱，因貳以濟民行，以明失得之報。」

易經啊！是可以洞悉過去並察知未來，能夠觀察到事物變化的細微處，並發覺出隱藏在內部看不到的現象。使用起來時，每個卦名都名副其實的恰當。能夠正確的表達分辨事物，在卦爻辭中都很具備齊全。

由具體的卦名來看似乎範圍有限，但它所比喻取材的事類則是非常廣大，它的涵意也是非常深遠，卦爻辭文句也是非常文雅。所要說的話語委婉又中肯適當，裡面要表達的事物是直率坦白卻又有隱晦含蓄的一面，需要吾人自己去體會。用乾坤陰陽剛柔小大顯幽的道理來幫助人民的行動，並明示出失與得的事務發展兩種自然現象的果報。

第七章

易之興也，其於中古乎！作易者，其有憂患乎！

是故；履，德之基也；謙，德之柄也；復，德之本也；恆，德之固也；損，德之修也；益，德之裕也；困，德之辨也；井，德之地也；巽，德之制也。

易經的興起大約是在夏商周中古時代吧？作易經的文王周公，大概是處在衰世而有憂患思想吧？

所以孔子特別提出修德要具備的九卦；履卦是禮也，實踐之意，是德行的基礎。謙卦

是真心謙虛待人，是德行把握的要領。復卦是返樸歸真，純樸的本性，是德行的本質。恆卦是專一不變，持之以恆，是穩固德性之本。損卦，是減損欲望及不良習氣，是德行的修煉。益卦是增加智慧功德，是使德行充裕。困卦是在困境中才能辨別真假修行，是否守住節操。井卦，是不論你在何處皆能無分別心厚德待人，如大地井水滋養萬物。巽卦，是有原則的謙遜柔順，是德行修養的制宜。

履，和而至；謙，尊而光；復，小而辨於物；恆，雜而不厭；損，先難而後易；益，長裕而不設；困，窮而通；井，居其所而遷；巽，稱而隱。

履卦，處事待人做到有禮貌，人際和諧，自然能達成，謙卦，做到有尊嚴又有光耀，讓人敬仰恭維。復卦，從細微處以觀大局，察微知著，做大事應從小處著手。恆卦，要遵守的規律多而雜，但不可厭倦，要有恆心才能永固。損卦，要少欲、放下，開始做會比較難，但習慣就容易。益卦，要不斷充實知識積功德，沒有設限。困卦，人到了窮困就會求變而通達。井卦，要扮演好自己的角色，並隨時調整角色地位貢獻心力。巽卦，要在恰當的時機退讓，隱藏著實力。

履以和行，謙以制禮，復以自知，恆以一德，損以遠害，益以興利，困以寡怨，井以辨義，巽以行權。

履卦是要做到有禮而和諧的互動，謙卦要規範禮儀的度。復卦要做到自我反省覺悟回歸本性。恆掛要專一於德行修養，損卦要懂得避開禍害之事物。益卦要在增加後，知所回饋，興辦福利。困卦，要於處困境時不怨天尤人。井卦，要做到能分辨事物是否合情合理。巽卦，要做到懂得退讓權變之宜。

第八章

易之為書也，不可遠；為道也屢遷；變動不居，周流六虛，上下无常，剛柔相易，不可為典要，唯變所適。其出入以度，外內使知懼。又明於憂患與故，无有師保，如臨父母。初率其辭而揆其方，既有典常。苟非其人，道不虛行。

易經這部經，不可偏離日常生活，它不是遙不可及的。易經所揭示出來的規律法則也經常會遷移。不停地變化，遍布在六個爻位上，輪流循環變遷著，有時動爻在上卦，有時動爻在下卦，也沒有一定的常軌，陽爻與陰爻互相交換互易著，絕對不可能拘泥於有一定的模式，只有隨時間、空間、主觀、客觀條件來調適。來來去去的變化依這些條件為節

度。不論在外卦或內卦都使人有所戒懼。還要明白是順境或逆境，在不同的情境所憂慮的緣由亦不同。要靠自己去把握運用，雖沒有老師引路保護著，卻好像父母隨時在旁邊提醒叮嚀指引著，而心生戒懼。

在看一個卦時，起初要依循卦爻辭所言，大膽假設，然後小心求證，推度方法要把握個度，這是有常規的。如果不按照這樣去做，不明白這些常規，沒把握個度，則道是不會跟著你走，道是實實在在依著規律在運作，不因你主觀的認知期待就可以改變它，只有主觀與客觀相應，才能悟道，所求也才能如願。

第九章

易之為書也，原始要終，以為質也。六爻相雜，唯其時物也。其初難知，其上易知，本末也。初辭擬之，卒成之終。若夫雜物撰德，辨是與非，則非其中爻不備。噫！亦要，存亡吉凶，則居可知矣。知者觀其彖辭，則思過半矣。

易經這部經書，慎終如始，推原因，得結果，開始與結果同樣重要。明因識果這樣事物才會圓滿，是以此做為事物的本質。一個卦中六個爻互相錯雜著，都是因應著特定的事務來類比取象。初爻難以知道，因為是一件事物的開端，渾沌未明，不容易知道成敗。上

爻則容易知道了，因為一件事物的結果吉凶成敗都已顯現出來。初爻的爻辭是先擬議發展的方案。上爻則已有確定的結果。

至於複雜的萬事萬物，要在錯綜複雜的六個爻中，來辨別是與非，那麼非看中間二、三、四、五爻之互卦不可。這樣才算完備。啊！若要再進一步探究存亡吉凶，那麼就要看爻所處的位置而定。聰慧的人從卦爻的彖辭去思考，大概就可以想到一半以上了。

二與四位，同功而異位，其善不同：二多譽，四多懼，近也。柔之為道，不利遠者，其要无咎，其用柔中也。

第二爻與第四爻，居偶數位，同樣屬於柔順的功能，但第二爻居下卦之中，第四爻居外卦之始，所以其好壞也不同。第二爻居中為主事者行中庸之道，故多所讚譽。而第四爻居外卦近第五爻君位，多所戒懼。陰柔的運用法則是不可太柔，宜適中得中，把握住要領，就可以無咎。

三與五，同功而異位。三多凶，五多功，貴賤之等也。其柔危，其剛勝邪？

第三爻與第五爻，居奇數位，同屬於陽剛的功能，但不同的位置。第三爻居下卦之

極，盛極必衰，故多凶。第五爻居外卦之中，得中為當家主事者，故多功勞，這是因為貴賤等級不同的關係。難道柔爻就危險，剛爻就取勝嗎？這是不一定的，還是要依時、地、人而定，總之用剛用柔要把握個度。

第十章

易之為書也，廣大悉備。有天道焉，有人道焉，有地道焉。兼三才而兩之，故六。六者非它也，三才之道也。道有變動，故曰爻；爻有等，故曰物；物相雜，故曰文；文不當，故吉凶生焉。

易經這部經書，內容範圍廣大周詳完備。有天的法則，有人事的法則，有地的法則。一個經卦有三爻象徵天人地，將兩個三爻卦重疊形成六爻卦，六爻卦並非指其他的，還是指天、人、地三才，因天道有陰陽，以第五爻和上爻象之，人道有陰陽以第三、四爻象之，地道也有陰陽，以第一、二爻象徵之。

天地的法則都會有所變動，周流在六爻之中，所以稱為「爻」，萬物皆有等級差別，所以爻是效法天地的法則也有等級之分，來效法象徵所有事物，所以也稱做「物」。萬事萬物複雜交錯，猶如六爻交互變化所產生複雜的文采。文采所形成的象不恰當的話，就會

產生吉凶現象。

第十一章

易之興也，其當殷之末世，周之盛德邪！當文王與紂之事邪！是故其辭危。危者使平，易者使傾，其道甚大，百物不廢；懼以終始，其要无咎，此之謂易之道也。

易經運用的興起，大概是在商朝末期，周朝的道德最興盛期吧！也是值周文王與商紂王發生的事故吧！所以在其所繫的文辭裡，都充滿了憂患意識，居安思危的思想。做事能有危險意識戒慎恐懼，必能轉危為安。若怠慢輕忽處事，必遭致傾覆失敗，這道理是個大道理，舉凡政治、經濟、社會等各種事物都離不開這個道理。從開頭到結束都要戒懼憂患，目的就是要做到沒有災害，這也就是易經的道理。

第十二章

夫乾，天下之至健也，德行恆易以知險。夫坤，天下之至順也，德行恆簡以知阻。能說諸心，能研諸侯之慮，定天下之吉凶，成天下之亹亹者。

乾卦為天，是天下最為剛健的，光明無私，一直能夠讓人容易知道危險所在，如遇剛

必折，滿則溢。坤卦為地，是天下最柔順，順從而安靜，一直讓人很簡單就知道困阻所在，如太柔弱則無成。

易經的道理是容易又簡單，所以能愉悅吾人的身心，能夠探研各種徵候及多層面的思慮，所以能夠把握住自然界的規律，而避開凶險，成就天下勤勉進取者永續經營的事業。

是故變化云為，吉事有祥。象事知器，占事知來。天地設位，聖人成能，人謀鬼謀，百姓與能。

所以在天地所有變化中，吉祥事情到來一定會有兆頭在先。模擬事物的現象，就可以知道各種具體的器物。透過占卜，可以知道未來將發生的事情。

天地間一切事物皆安排有其地位，聖人參贊造化的功能，仿效演成六爻卦的易經。將已知的人為謀略配合占筮而知的啟示，研習易經，大家都可以做到這種功能。

八卦以象告，爻彖以情言，剛柔雜居，而吉凶可見矣！變動以利言，吉凶以情遷，是故愛惡相攻而吉凶生，遠近相取而悔吝生，情偽相感而利害生。凡易之情，近而不相得，則凶，或害之，悔且吝。

八卦是以圖象告示宇宙萬事萬物的現象，爻辭和彖辭是敍述事物發展的情態，除乾坤卦外的六十二卦都是剛爻與柔爻互相交錯著，得位恰當與否，就可以看出吉凶。變動要看是否適宜而定，吉與凶是依心態的變化與實情合理與否而改變。因此愛好與憎惡互相衝突就產生了吉凶，例如上下兩爻之間的承乘關係。爻位有相鄰與相應的關係，取捨對照下而產生懊悔與困吝阻礙。事物的感應有真有假，於是產生利與害。易理所談的情境是相近的兩爻，能和諧相比親近則吉，不相容則凶，或許會有災害、後悔、阻礙、羞辱等。

將叛者其辭慚，中心疑者其辭枝，吉人之辭寡，躁人之辭多，誣善之人其辭游，失其守者其辭屈。

與人談話要觀其變化，猶如爻辭隨著不同情境而不同。想要叛變謀反的人，說話會吞吞吐吐，神色會有慚愧的表情。心中有疑惑的人，說話會前後矛盾，模稜兩可，錯雜分歧。有道德修養的人，說話用辭精簡明白扼要，不多言。沒有涵養又浮躁的人，說話多廢話贅言，沒有頭緒，或急於表達。誣陷好人的人，說話閃爍其辭，不正面立言，含沙射影，用游移不定字眼。失去操守、不守職分、不敬業的人，自知理短，說話含混支吾，語多牽強，隨聲附和，沒主見，人云亦云。占卜也是要配合看相，觀其相，聽其言吧！

國立中央圖書館出版品預行編目

民俗易雜說(附白話孔子易傳) / 吳豐隆 編著.
-- 初版. -- 新北市 : 普林特印刷有限公司,
2023.02
368面 ; 1.5公分 --
ISBN 978-986-98283-7-6(平裝)
1.CST: 易占 2.CST:相宅 3.CST: 面相

292.1 112002600

◎

民俗易雜說-附白話孔子易傳

作　　者： 吳豐隆
總 編 輯： 林萬得
校　　對： 羅威麟

出 版 者： 普林特印刷有限公司
地　　址： 新北市三重區忠孝路二段38巷6號
電　　話： (02)2984-5807

出　　版： 2023年2月初版
定　　價： 350元

ISBN：978-986-98283-7-6 （平裝）

書眉取自國立故宮物院南宋-元 十二生肖八卦鏡